民進黨執政後的中共對台政策

（2000年5月至2003年5月）

洪儒明◎著

前言

　　本文針對「**民進黨執政後的中共對台政策**」進行研究，自２０００年五月陳水扁總統「五二０就職典禮」起，至２００３年五月民進黨執政滿三週年迄。

　　本文以「系統論」政策分析模型做為主要分析架構，除第一章「**緒論**」外，第二章從內部與外部兩個層面探討「**中共對台政策之環境因素**」，分為「中國大陸內部因素」、「國際因素」與「台灣因素」。中共對台政策受到內外環境因素的結構性制約，包括了中國大陸內部的政經社情勢變化，以及外部的美國對華政策與「九一一事件」後的全球戰略格局，受到了發展框架與調整限制，呈現出「戰略穩定」的發展趨勢。

　　第三章，本文針對「**民進黨執政後的大陸政策**」，依照大致發展時期與主要政策核心，分為「四不一沒有」、「一中議題與九二共識」、「兩岸統合論」、「積極開放有效管理」與「一邊一國論」五個部分，探討民進黨執政後，在大陸政策與兩岸關係上的諸多改變。

　　為瞭解「政治系統」的組成與影響，本文第四章「**中共對台決策機制**」就「中共對台決策機制基本架構」、「中共中央政治局常委會與中央軍委會」、「中共中央對台領導小組」、「中台辦與國台辦」以及「中共涉台智庫」進行剖析。

　　第五章談政策輸出部分，也就是「**中共對台政策之調整與效果評估**」，為因應台灣的民主化與政黨輪替衝擊，中共對台政策必須有相適應的政策調整，以期達成「和平統一，一國兩制」的政策目標。本文根據民進黨執政後所產生的輸入變項，逐項探討中共在「四不一沒有」、「一中議題與九

二共識」、「兩岸統合論」、「積極開放有效管理」與「一邊一國論」的政策
調整與效果評估。

最後，本文在「**結論**」的部份，整合歸納前述之研究內容，並提出本
文之思考建議與檢討改進。

目　錄

第一章　緒論

第一節　動機與目的

一、研究動機

　　西元２０００年三月十八日，民進黨籍候選人陳水扁、呂秀蓮以四百九十七萬七千六百九十七票，39.3%的得票率當選中華民國第十任總統、副總統，[1]開啟台灣政黨輪替新頁，民進黨成為台灣執政黨，並開始主導台灣政局發展，兩岸關係亦隨之產生前所未有的結構性變化。

　　長久以來，民進黨與中國共產黨在國家認同與意識型態上便存在極大歧見。自１９９１年將「建立主權獨立的台灣共和國」列入黨綱之後，[2]民進黨便是中共眼中的「台獨黨」；民進黨本身亦不諱言獨立建國的目標與體質，當時的民進黨主席許信良便表示「民進黨本來就是台獨黨，黨的目標是獨立、民主，這是沒有爭論的」。[3]隨著歷次選舉，民進黨為爭取台灣中間選民支持，漸漸往務實方向調整，並在１９９９年五月通過「台灣前途決議文」，主張「台灣是主權獨立國家」，「任何有關獨立現狀的改變，必須經由台灣全體住民以公民投票方式決定」。[4]

---

[1] 中央選舉委員會，《2000 年總統（副總統）候選人得票概況》，投票日期：2000 年 3 月 18 日。

[2] 民進黨第五屆第一次全國黨員代表大會通過，《「建立主權獨立自主的台灣共和國」基本綱領全文》，1991 年 10 月 13 日。

[3] 中國時報，1991 年 9 月 27 日。

[4] 民進黨第八屆第二次全國黨員代表大會通過，《台灣前途決議文》，1999 年 5 月 9 日。

　　民進黨為擴大選民基礎，在競選期間提出「台灣前途決議文」與「新中間路線」[5]試圖淡化台獨色彩，但仍然無法與中共所堅持的「一個中國」原則產生交集。中共當局曾於２０００年二月二十一日發表「一個中國的原則與台灣問題」白皮書，[6]全文一萬一千餘字，重申中共對於「一個中國」原則與堅持兩岸主權的立場，並提及對台動武的「三個如果」。[7]２０００年總統選舉投票日前三天，中共總理朱鎔基對台灣人民提出嚴厲警告，以強硬語氣表示：「誰搞台獨，誰就沒好下場」。[8]

　　即便如此，民進黨籍的陳呂配仍然當選，面臨台灣政黨輪替的驟變情勢，中共中央台灣工作辦公室，國務院台灣事務辦公室，在民進黨候選人當選總統後立刻發表聲明，重申「世界上只有一個中國，台灣是中國領土不可分割的一部分」；「台灣地區領導人的選舉及其結果，改變不了台灣是中國領土一部分的事實」；「對台灣新領導人我們將聽其言觀其行，對他將把兩岸關係引向何方，拭目以待」。[9]中共國家主席江澤民亦針對台灣選舉結果發表談話表示，「台灣地區的選舉已經結束了，台灣不管誰當權，我們都歡迎他來大陸談，同時，我們也可以到台灣去。但是對話談判要有個基礎，就是首先必須承認一個中國的原則。在這個前提之下，什麼都可以

---

[5] 中央日報，1999年3月20日

[6] 中國國務院由國務院台灣事務辦公室國務院新聞辦公室發表，《一個中國的原則與台灣問題白皮書》北京：中華人民共和國國務院，2000年2月21日。

[7] 「三個如果」：1.如果出現台灣被以任何名義從中國分割出去的重大事變；2.如果出現外國侵占台灣，3.如果台灣當局無限期地拒絕通過談判和平解決兩岸統一問題。首次將「久拖不決」納入對台動武條件。

[8] 中央社報導，2000年3月15日。

[9] 〈中共中央台灣工作辦公室國務院台灣事務辦公室就台灣地區產生新的領導人發表聲明〉，人民日報，2000年3月19日。

談」。[10]

2000年五月二十日，陳水扁總統發表「五二０就職演說」，在中國不意圖動武的前提下，宣示「四不一沒有」，即「不宣佈獨立、不更改國號、不推動兩國論入憲、不推動更改現狀的統獨公投，以及沒有廢除國統綱領與國統會的問題」。[11]中共中央臺灣工作辦公室、國務院臺灣事務辦公室亦立即做出回應聲明，認為「五二０就職演說」內容迴避「一個中國」，顯然缺乏誠意。[12]

在筆者就讀碩士班時期，適逢台灣政局面臨政黨輪替之重大轉變，筆者亦曾參與該次總統大選的企畫與選情策略工作，親身經歷台灣政黨輪替的悄然發生。長期以來，筆者閱讀「中共對台政策」之相關學術研究與文獻資料，發現既有的中共研究成果十分豐富，但是**關於民進黨執政後的「中共對台政策」研究，不僅是中共方面，就連台灣本身，皆對民進黨執政後的中共對台政策，缺乏系統且一貫的學術整理。**

2003年五月二十日，民進黨執政屆滿三週年，但兩岸在政治層面始終僵持不下，雖然各種民間交流活動持續進行，卻總是充滿隱憂與種種阻礙，兩岸協商與各種善意合作措施始終無法順利推動。探究其根本因素，**「一個中國」原則是兩岸主要歧見所在**。吾人相信，透過此研究，可使我們更進加瞭解中共在兩岸問題上的處理方式，並幫助我們找出兩岸都能接受的共識所在，逐步培養互信，進一步達成和平解決兩岸問題的目標，並為促進兩岸之間的瞭解與談判協商盡一己之棉力。

---

[10] 〈江澤民與剛果共和國總統薩蘇會談時談台灣問題〉，解放軍報，2000 年 3 月 21 日。

[11] 總統府公報，《陳水扁總統五二零就職演說－台灣站起來，迎接向上提昇的時代》，台北：總統府，2000 年 5 月 20 日。

[12] 新華社，2000 年 5 月 20 日。

二、研究目的

　　承上所述，兩岸關係不僅是影響人民生活安定與經濟發展的重要課題，中共對台政策亦是台灣政、學界研究的焦點所在，因此筆者以「民進黨執政後的中共對台政策」作為探討主題，並將研究目的歸納如下：

1、政策變遷層面：

　　分析台灣政黨輪替對兩岸關係所產生的衝擊，並探討中共如何認知民進黨執政之政治現實，以及中共在對台政策上所做出的轉變與調整。

2、就政策內涵層面：

　　本文希望探究民進黨執政後，中共對台政策的實際內容及其效果評估。

3、就研究建議層面：

　　本文希望在瞭解中共對台政策的轉變過程與主要內涵之後，能夠對後續中共對台政策相關研究提出個人之研究結果與檢討，以期對後續研究有所貢獻。

第二節　相關文獻回顧

一、兩岸關係理論探討

　　國內對於兩岸關係的學術著作與文獻非常多，多半偏向政策與實務方面的研究。至於現階段兩岸關係的理論研究，涉及面向非常廣，國內學者研究一般可概分為「**國內政治**」、「**國際環境**」與「**兩岸互動**」三個主要面

向。[13]在國內政治面向的探討,「選票極大化策略模式」和「發展國家理論」,分別詮釋了民主化之下台灣的大陸政策;國際環境方面有「戰略三角理論」、「國際體系理論」和「認知社群理論」;兩岸互動面向則有「整合理論」、「分裂國家模式」和「博奕理論」三個範疇。

本文主題為「民進黨執政後的中共對台政策」,偏向「國內政治」與「兩岸互動」面向的結合,因此以下針對「大小政治實體模式」與「分裂國家模式」作理論介紹與討論。

1、大小政治實體模式:

吳玉山教授所提出的「大小政治實體模式」,認為大小實力差距決定了北京的堅定態度。在權力不對等與大國的主權要求下,大國的意志是確定的,就是要屈服小國,小國只能作「抗衡」(balancing)或「扈從」(bandwagoning)的策略選擇,清楚地說明中共對台政策始終「戰略堅持」的主要原因。至於台灣的大陸政策,若是在「兩岸經濟發展程度仍大」與「美國支持」的正面影響下,會偏向「抗衡」策略;若反之,則偏向「扈從」策略。[14]

2、分裂國家模式:

張五岳教授所歸納之「分裂國家模式」特色,[15]基本上與東西德、南

---

[13] 關於兩岸關係理論之介紹與討論,請參考:包宗和、吳玉山主編,《爭辯中的兩岸關係理論》,台北:五南圖書出版公司,1999 年。

[14] 吳玉山,《抗衡與扈從─兩岸關係新詮》,台北:正中書局,1997 年。

[15] 張五岳教授在《分裂國家互動模式與統一政策之比較研究》一書中,歸納分裂國家所表現出來的特色: 1、分裂前雙方擁有共同語言、歷史、文化、與長期統一經驗,其國民意識與國家權力結構,都是一個完整的國家社會單位。2、國家的分裂皆是由於國際安排或是內戰所致,未經雙方人民之同意產生。3、分裂的雙方至少有一方以上不斷地明白宣示,以結束國土分裂,追求國家再統一為其國策。4、分裂雙方各自

北韓以及兩岸之間的情況相符合，並說明分裂國家所面臨的共同爭議，就是一「主權問題」。在主權問題上，中共始終堅持「中國就是中華人民共和國」、「其主權及於全中國」、「台灣並不是主權國家」的立場，雖然同意台灣高度自治，但不是完全自治。[16]

3、比較與檢討：

透過兩岸的實際互動經驗，我們發現兩岸仍有許多問題尚未解決，首先，兩岸與美國，雖然皆有和平解決台灣問題的共識，且致力開啟正常化的溝通協商管道；加上台灣在解除動員戡亂時期之後，已正視兩岸處於分裂的政治現實，不再視中共為敵對國家。但中共始終不肯放棄武力犯台意圖，並在國際與外交上處處打壓台灣，不允許在國際場合發生雙重承認或雙重代表情況。

其次，中共始終堅持「一個中國」原則，認為台灣是中國的一部份，認為兩岸關係是一種「內部關係」。台灣方面則對於「特殊性質的內部關係」缺乏共識，就連「準國際關係」等說法，在總統大選中亦無法獲得全民認同。反倒是「特殊國與國關係」論，獲得較多數的台灣人民支持。[17]２０００年總統大選的選舉結果，更顯示台灣民眾除了維持現狀之外，更有當家作主的願望傾向，希望自己作自己的主人，更暴露出中共在追求統一上的困境與盲點。

信奉不同意識型態，採行互異的政、經、社體制，使得雙方發展截然不同。5、分裂雙方皆由於國際強權的介入，使得雙方的互動與統一均涉及到列強的權力平衡。6、分裂雙方所衍生的各項重大問題，是傳統國際政治上所未見，且傳統國際法亦無由加以規範。

[16] 張亞中，《兩岸主權論》，中共對兩岸主權的看法，1998 年，頁 77。

[17] 陸委會網站，《民眾對「兩岸是特殊的國與國關係」的看法》民意調查，1999 年 7 月 10 日至 9 月 15 日。〈http://www.mac.gov.tw/big5/mlpolicy/pos/881217.html〉

其三，兩岸雖然試圖建立制度化的協商管道，冀使兩岸關係能朝向正常化方向發展；但總因互信不足與缺乏共識，造成兩岸協商屢屢中斷，呈現僵滯狀態，亦使海基會與海協會的功能擱置，無法充分發揮。

結合「大小政治實體模式」與「分裂國家模式」之觀察，兩岸的大小實力差距懸殊，是兩岸關係發展迥異於東西德與南北韓重要因素之一。欲突破兩岸關係目前僵局，**我們必須承認兩岸與東西德、南北韓之間存在之結構性差異，並更進一步探討台灣政治與兩岸互動等面向，對兩岸關係所產生之影響**。因此本文擬針對「民進黨執政後的中共對台政策」，作政策之分析與研究，希望瞭解台灣首次政黨輪替後，中共在對台政策上的「戰略堅持」與「戰術調整」。

二、中共對台政策之回顧

自1949年中國共產黨建政以來，兩岸呈現分裂且對峙的局面已超過五十年，中共對台政策或兩岸關係發展的相關議題，一向是國內外的官方機構與民間學術機構重要且熱門的研究目標。隨著中共1978年的改革開放，相關著作如雨後春筍的發表，惟受限於中共對台政策仍多屬內部秘密資料，所以大多僅能從意識型態、決策模式、單一事件或歷史經驗作為分析與探討的素材。過去關於「中共對台政策」的學術著作不勝枚舉，國內不少碩、博士論文與專書，以及期刊、報章雜誌，皆對中共對台政策的演變、內涵與戰略思維等，做過詳細的介紹分析，所獲致之結論亦非常值得吾人參考。既有的研究多將中共對台政策分為三個時期，亦即「毛澤東時期」、「鄧小平時期」與「江澤民時期」；各時期分別以「解放台灣」、「和平統一，一國兩制」以及「江八點」做為對台政策主軸。

1、毛澤東時期（1949~1978）

整體而言，在「毛澤東時期」，在「國共內戰」的慣性思想下，將兩岸關係定位為「內戰的延續」。因此「解放台灣」是這一時期的中共基本對台政策，對台基調上主要運用軍事手段，防止兩岸「劃峽而治」，進而砲擊金門，延續兩岸的交戰狀態，爭奪聯合國席位與外交空間，在國際上孤立臺灣。以鬥爭為主，統戰為輔，鬥爭的對象是「美帝」與「國民黨」的當權派；統戰的對象則是台灣人民以及大陸的台胞和海外華僑。

首先是「武力解放台灣」時期。此時期中共的對台政策單純依靠「武力」來解決台灣問題。1949年十月，共軍大舉進攻金門；1950年因為韓戰爆發而暫時停戰。一直到1953年韓戰結束，美國力量介入，與台灣談判簽訂「中美共同防禦條約」，加上中共自覺「武力解放台灣」無效，因此將對台政策轉變為「武力為主、和平為輔」的解放台灣。[18]

1960年代，中共面對「三面紅旗」災難日益明顯、加上與蘇聯對立等國內外情勢，遂檢討十年來的對台工作，製定了第一個與「統一」有關的系統化決策，要求黨政軍貫徹執行，稱之為「一綱四目」。[19]1971年，因為中共加入聯合國，且中美關係逐漸改善，台灣問題也隨之調整。中共對台政策也從「武力為主、和平為輔」的解放台灣再次轉變成「和平

---

[18] 1955年7月，周恩來在三屆「政協」會議上表示「除了積極準備在必要時用戰爭方式解放台灣以外，努力爭取用和平方式解放台灣」，開始採取「武力為主、和平為輔」的解放台灣政策。

[19] 其內容為「一綱：台灣回歸祖國。四目：1、台灣回歸祖國後，除了外交必須統一於中央外，當地之軍政大權、人事安排等等均委於台灣當局；2、所有軍政及經濟建設一切費用不足之數由中央撥付；3、台灣之社會改革可以從緩，必俟條件成熟，並尊重各方意見，協商決定後進行；4、雙方不派特務，不作破壞對方團結之舉。」十一屆三中全會後修改第三目為「台灣目前的社會制度、生活方式、外國投資和商業往來，都可以不變。」請參見中共中央台灣工作辦公室、國務院台灣事務辦公室，《中國台灣問題幹部讀本》，1998年，頁63。

為主、武力為輔」的解放台灣。這段時期的對台政策主要是要在國際上孤立台灣，企圖壓迫台灣妥協。

　　１９７１年八月，中共外交部聲明：「必須把蔣介石集團從聯合國及其一切機構中驅逐出去」。１９７２年二月，中共與美國簽訂「**上海公報**」，[20]證明中共的構想。中共積極地重返國際場合，同時體認武力的方法無法解決台灣問題。１９７８年十二月十六日，中共宣佈自１９７９年一月一日和美國建交，在「**建交公報**」中，美國承認中華人民共和國是中國的唯一合法政府，承認一個中國，台灣是中國的一部份，美國人民將同台灣人民保持文化、商務和其他非官方關係。

2、鄧小平時期（1979~1993）

　　鄧小平自１９７７年五月第三次復出政壇，在１９７８年十二月的「十一屆三中全會」成為中共實際的掌權者，不僅確立了「改革、開放」的方針，對台政策在此一氣氛下亦有所轉變。中共一改慣用的「武裝」或「和平」解放台灣的口號，提出「一國兩制」模式，作為統一中國的方案，以「和平統一」的統戰攻勢取代，淡化意識形態之爭，推動國共和談，開始以「談」來取代「打」，積極推動兩岸「三通」和學術、文化、科技、體育交流。否認臺北的獨立主權，並保留對台用武的手段

　　１９７９年一月，中共全國人大常委會發表「**告台灣同胞書**」，提出

---

[20] 1972 年 2 月 28 日，應中共總理周恩來的邀請，美利堅合眾國總統理查德、尼克森訪問中華人民共和國。中共在「上海公報」中表示：「中華人民共和國政府是中國的唯一的合法政府；台灣是中國的一個省，早已歸還祖國」「解放台灣是中國的內政，別國無權干涉」「堅決反對任何旨在制造『一中一台』、『一個中國、兩個政府』、『兩個中國』、『台灣獨立』和鼓吹『台灣地位未定』的活動」。

「三通四流」主張。[21] 1981年九月三十日，中共人大委員長葉劍英透過「新華社」發表「進一步闡明關於台灣回歸祖國實現統一的方針政策」，俗稱**「葉九條」**，相當具體的列出九條對台的方針政策。[22]

　　「葉九條」所提的各項統一政策具體，論及的層面也較廣泛，以中共的立場而言，跟過去的對台政策相比已略顯寬鬆。但是仍未脫離中共對台的一貫堅持政策（中共為中央政府，台灣為地方政府；台灣不能擁有主權及對外關係），兩岸並不是基於對等立場，而是中央與地方的不對等關係。但「葉九條」顯然頗能獲得美國的欣賞，中美雙方在次（1982）年八月十七日發表**「聯合公報」**，美方同意「對台軍售的最高限額」以及「視台海情勢逐年減少軍售數額」。

　　鄧小平的對台政策，一部份沿襲了毛澤東，堅持「一個中國」原則，但另一部份，鄧小平亦發展了對台政策新理論，也就是「一國兩制」。「一國兩制」是中共在處理香港、澳門和台灣等地區的統一問題，而逐漸形成的一個構想。但後來不只是一個構想，更成為對台政策的最高戰略目標，其理論及內涵亦不斷的充實完備。[23]

　　1983年六月二十六日，鄧小平就兩岸的和平統一問題提出一些看法，包括統一之後，中共不派軍隊進駐台灣、台灣擁有獨立的立法權及司法終審權、可以維持社經制度與生活方式等，並建議兩岸平等對談，實行

---

[21] 「三通」：通郵、通商、通航；「四流」；經濟、文化、科技與體育的交流。

[22] 葉九條內容包括：要求國共兩黨進行對等談判、共同完成祖國大業、雙方共同為「三通四流」提供方便、台灣可作為特別行政區、享有高度自治權、並可保留軍隊、中央不干涉地方事務等。

[23] 鄧小平首次提及「一國兩制」的概念是在 1982 年 9 月，會見英國首相柴契爾夫人時表示，「香港回收後仍將是資本主義，現行許多合適的制度要保持」。請參考王新生等著，《一國兩制論》，湖南：湖南人民出版社，1998 年。

第三次合作。[24] 1984年二月十二日，鄧小平在會見美國喬治城大學戰略國際問題研究中心代表布里辛斯基時，首次完整闡明「一個中國，兩種制度」，並在同年十月進一步簡稱為「一國兩制」。中共「台辦」負責人王兆國在**「六七談話」**中，明白宣示**「和平統一，一國兩制」**，是對台政策的最高指導原則。[25]至此，「一國兩制」的概念成型，並適用至今，始終是中共對台政策的最高指導原則與理論基礎。

八○年代期間中共對台政策的實施，成敗參半，其政治喊話、武力迫和和外交打壓，未收到預期效果，但其「三通四流」的策略已略具成效。「一國兩制」的設計精神來自「一綱四目」與「告台灣同胞書」，從決策的角度看來，仍然是鄧小平一個人的決定在影響整個政策的走向。另一方面，中共在1988年成立了「台灣事務辦公室」，且在1991年底配合台灣的「海基會」，成立了社會團體「海協會」，成為兩岸交流往來的窗口，更代表了中共的對台工作在基本認知上有很大的轉變。

3、江澤民時期（1993~2002）

江澤民自1989年「六四事件」後，被鄧小平拔擢為中共中央總書記，後接任軍委會主席，經過1992年十月中共「十四大」，及1993年三月「八屆人大」，以江澤民為核心的第三代領導人，逐漸穩固，全面接掌黨政軍領導棒子。除此之外，「中共中央台灣工作領導小組」的組

---

[24] 鄧小平，〈中國大陸和台灣和平統一的設想〉，1983年6月26日，載於《鄧小平文選》，第三卷，30-31頁。

[25] 1991年6月7日，王兆國在「談話」中宣示中共的對台政策，一是「和平統一，一國兩制」為「根本大計，長期方針」；二是不承諾放棄是用武力；三是堅持一個中國，反對兩個中國；四是反對兩岸互為對等的政治實體；五是中國共產黨和中國國民黨派出代表進行接觸，就正式結束兩岸敵對狀態，逐步實現和平統一進行談判。人民日報，1991年6月8日

17

長亦由江澤民兼任，顯示中共第三代領導人，已實際擔負對台政策的主導權，但在接班初期為確保政權穩定，在各項施政作為上明顯承襲鄧小平路線，對台政策方面亦不例外，主調仍然是「和平統一，一國兩制」、「不放棄武力」，並無太大改變。

　　1993年八月三十一日，中共國務院台灣事務辦公室、國務院新聞辦公室發佈**「台灣問題與中國的統一」**，簡稱「白皮書」。[26]其所宣示的政策立場為「一個中國、兩制並存、高度自治、和平談判。「白皮書」清楚透露出對台政策的目標，其基本目標乃在於向外國強調中共對台灣的主權，並措辭強烈的抨擊台獨，目的就是在警告世界各國不要介入「台灣問題」，以避免「台灣問題國際化」。

　　1994年十一月十四日，江澤民在談及「中美關係的五項原則」中亦強調要遵循三個公報，作為奠定中美關係的主要原則。

　　1995年一月三十日，江澤民發表題為「為促進祖國統一大業的完成而奮鬥」的講話，簡稱**「江八點」**，成為江澤民時期最完整，且最具代表性之對台政策方針。[27]「江八點」把「正式結束兩岸敵對狀態」與「逐

---

[26] 白皮書主要內容為：一、兩岸的隔離，與抗戰勝利後「國民黨發動」的內戰有關，但更重要的是「外國勢力的介入」（指美國）。二、解決台灣問題的基本點有六個，1.一個中國；2.兩制並存；3.高度自治；4.和平談判；5.不承諾放棄使用武力；6.國際事務中涉及政治主權問題要經中共同意。

[27] 「江八點」主張為：一、堅持一個中國原則，是實現和平統一的基礎與前提。二、對於台灣同外國發展民間性經濟文化關係，不持異議。 三、進行海峽兩岸和平統一談判，是中共一貫主張。四、中國人不打中國人；但不承諾放棄使用武力。五、大力發展兩岸經濟文化與合作，不以政治分歧去影響、干擾兩岸經濟合作。加速實現直接「三通」。商談簽訂保護台商投資權益的民間性協議。 六、五千年文化是維繫全體中國人的精神紐帶，也是實現和平統一的一個重要基礎。七、充分尊重台灣同胞的生活方式和當家做主的願望，保護台灣同胞一切正當權益。八、歡迎台灣當局的領導人以適當身分前往訪問；也願意接受台灣方面的邀請，前往台灣。中國人的事我們自己辦，不需要借助任何國際場合。江澤民，〈促進祖國統一大業的完成而繼

步實現和平統一」分成兩個步驟，提議「在一個中國的原則下，正式結束兩岸敵對狀態」作為第一步，顯示現階段對台政策的目標並不在立即實現統一，而在防止台獨。

「江八點」的推出，不僅凸顯中共對台政策調整幅度，亦反映出「江澤民領導核心」掌控對台政策的強烈企圖，有為後鄧時期中共對台政策定調的用意，其最大的新意在於較為務實，政策重心不在於利誘急統，而在於防獨、促和與增進兩岸交流溝通；只要台灣不宣佈獨立，在兩岸關係穩定的基礎與不違反一個中國的原則下，和平統一可以分階段完成。但另一方面，「江八點」固然反映中共的務實面，亦透露北京在面對台灣政治生態驟變時，已加深對和平統一的無力感和「防獨」的急迫感。

１９９７年「十五大」時，江澤民更高舉「鄧小平旗幟」，強調依循「鄧小平理論」，五年內不變[28]。在承襲「葉九條」、「鄧六條」的主要精神下，「江八點」適時地凸顯「江澤民領導核心」的特色，用以建立決策權威，並統一中共各部門上下對台政策的思想與口徑。

中共在對台工作的認知一致性頗高，不存在太大爭執，縱使在具體工作上產生紛爭，也只是手段、方法的爭執，而不是路線和目標的爭執。[29]從「和平解放台灣」口號，到「一綱四目」、「告台灣同胞書」、「葉九條」，以及「一國兩制」與「江八點」，吾人可觀察中共對台政策的一貫脈絡與延續性。１９８０年代中共對台政策的重心是以「三通」促統一，以外交

續奮鬥〉，人民日報，1995 年 1 月 30 日。

[28] 江澤民，〈高舉鄧小平同志理論的偉大旗幟，把建設有中國特色社會主義事業全面推向二十一世紀〉，江澤民在中國共產黨第十五次全國代表大會上的報告，1997 年 9 月 12 日。

[29] 楊開煌，〈中共新領導班子對台政策之展望〉，台北：《國家政策論壇》第一卷第十期，2001 年 12 月，頁 5-14。

打壓和武力威脅促成國共和談，１９９０年代的政策重心則是促進兩岸交流和防止臺灣獨立。早在１９８２年鄧小平對於兩岸關係所訂基調：「中共是一個中國的主權代表，台灣僅能扮演一個地方省份的角色」是中共對台政策的核心內涵，此一方針迄今並無改變。

２０００年三月台灣總統大選之後，民進黨邁向全面執政，台灣政治版圖遽然轉變，中共無法再用「國共內戰」的歷史觀看待兩岸關係，促使中共必須對過去的對台政策進行全面性檢討，尤其**在陳水扁「三一八當選」至「五二０就職」這段期間，更是中共全面檢討與反思對台政策的重要時期。**

自１９８９年民進黨成立起，大陸學界便對民進黨有相當程度的關注，但對民進黨的研究皆不夠深入，認識也不足。在民進黨執政之後，台灣的民主化及其相對穩定的發展，是大陸當局思考對台政策調整的主因，加上民進黨政府迴避「一個中國」的議題，更激發大陸的危機感，許多大陸觀察家已體認到過去十年對台灣的政策基本上是失敗的。因此**在政黨輪替之後，中國大陸方面亦開始針對民進黨進行更深一層的研究與瞭解，以彌補過去對民進黨的刻意排斥與認識不足。**

第三節　途徑與方法

就方法論（Methodology）而言，研究途徑（Approach）是指選擇問題及資料的準則或方向；而研究方法(Method)是指收集及處理資料的技術。兩者意義上並不相同，研究方法要說明的是寫作技術問題，研究途徑

則是說明論文研究的方向與法則。[30]以下分別就本文之研究途徑與研究方法加以說明。

一、研究途徑

本文主要依據 David Easton 的「系統理論」（System Theory），[31]並以「歷史研究」（History Research）與「政策分析」（Policy Analysis）作為基本的研究途徑。[32]主要研究時間範圍為陳水扁總統「五二○就職典禮」（２０００年五月），至陳水扁總統就職三週年（２００３年五月），共計三年時間，針對民進黨執政後，中共對台政策之轉變過程與主要內涵進行分析與探討。

David Easton 認為「政治系統」（Political System）在內、外環境（Environment）的包圍及影響下，必須針對環境與情勢變遷，亦即輸入項（Input），而採取種種之因應方式（Output），包含決策（Decision-making）與行動（Action），使整個政治系統得以繼續發展。國內學者林水波將政策界定為「執行行動的指引」；「一個人、團體或政府在固定的環境中，所擬定的行動計畫」。[33]而在政策分析的模型選擇上，戴伊將公共政策模型分

---

[30] 易君博，《政治理論與研究方法》，台北：三民書局，1990 年頁 98。

[31] David Easton, Political System, New York:Knoph,1953

[32] 「歷史途徑」的描述，主要是依中共對台政策的產出項來描述其對台政策在內容上的變化和問題；「政策分析途徑」是就中共的對台政策的相關變數加以分析其政策產生的變數項考量，如：「國際因素」特別是美國因素、「大陸因素」如：大陸內部的派系問題，大陸社會的內部問題，對對台政策的影響、「領導因素」：第一代、第二代、第三代領導人，即其領導班子對台的認知、「台灣因素」：即大陸對台灣領導和人物等、對台灣的認知和理解，以及台灣內部的變化作為制定政策的考量。楊開煌，〈當前中共的對台政策〉，國際與戰略研究所，和平論壇網頁，2001 年 7 月。〈http://www.dsis.org.tw/peaceforum/symposium/2001-07/CSR0107004.htm〉

[33] 林水波、張世賢，《公共政策》，台北：五南圖書出版公司，1996 年，頁 6。

為九大類：制度模型、過程模型、團體模型、菁英模型、理性模型、漸進
模型、博奕理論模型、公共選擇模型與系統論模型[34]。政治體系模式如下
圖所示：

圖 1-1、政治體系模式圖[35]

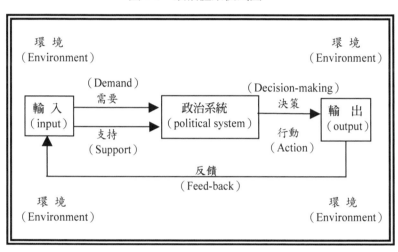

諸多政策分析模型中，我們試圖尋找最適合本文探討主題之分析模
式，由於「系統論模型」最簡化，且能彈性、靈活地解釋現實情勢與政策
之間的演變與互動。因此本文擬採取 David Eastion 的「系統理論」（System
Theory）作為基本的研究途徑與分析架構，[36]並輔以阿爾蒙德等人所提出

---

[34] 詳見羅清俊、陳志瑋譯，Thomas R. Dye 原著《公共政策新論》，台北：韋伯文化，
1999 年，頁 2、17-50。

[35] 資料來源：David Easton, A Framework for Political Analysis (Engle Wood Cliffs,
N.Y. :Prentice Hall,1956),pp.111-112

[36] 系統理論於一九六０年代被提出，關於系統運作所涉及的要素，包括投入(input)、轉
換(thru put)、產出(output)、環境因素(environment factors)、及回饋(feedback)等，成

的「系統分析」概念，[37]將「中共對台政策」視為一個因應環境壓力，而採取相對應措施的動態過程，界定並敘述台灣政黨輪替後，中共對台政策的輸入項、輸出項、內外環境與回饋。

二、研究方法

在研究方法上，本文兼採文獻分析法（Documentary Method）與政策分析法（Policy Analysis Method）。

（一）文獻分析法（Documentary Method）

文獻分析法主要是透過固有的文獻資料，包含官方與學術專論等作為資料來源與分析基礎。主要蒐集台灣政黨輪替後，台灣與中共官方所發表的文件、領導人談話，以及兩岸三地所出版的期刊、文章、書籍、論文、專書、研究報告、政府出版品、及報章雜誌、網際網路（WWW）的相關報導等資料等。資料蒐集來源則有國家圖書館、國立台灣大學法律及社會科學院研究圖書館、國立政治大學國際關係研究中心圖書館、政治大學社會科學資料中心、台北市立圖書館之相關藏書、期刊、雜誌、報紙，以及有關學者之專論、報告。

（二）政策分析法（Policy Analysis Method）

關於政策（Policy）或公共政策(Public Policy)的定義紛紜，基本上，

為分析設計與控制公共政策或各項行政活動的途徑之一。

[37] 1978 年，阿爾蒙德和包威爾（Gabriel A. Almond and G. Bingham Powell Jr.）以「系統理論」為基礎，發展出一套與結構和功能相關的「系統分析」（system analysis）概念。詳見阿爾蒙德、包威爾著，曹沛霖等譯（1987），《比較政治學：體系、過程和政策》，上海：上海譯文出版社。

政策乃係「某種目標、價值以及實踐而設計之計畫」，[38]政策概念的基本要素，在於必有一個目標、目的或宗旨（Goal, Objective or Purpose）。[39]戴伊（Tomas R. Dye）對公共政策的定義為「政府選擇作為（to do）與不作為（not to do）的事項」。政策分析有其步驟與方式可循，一個理性抉擇（Rational Choice）的政策分析過程，大致如下：

1.面對既有問題；

2.釐清政策之核心目標與價值，並排列重要順序；

3.確立目標後，列出可能之解決方式—亦即可能之政策；

4.探討政策選擇後，所產生之重要結果；

5.檢討政策結果與政策目標是否一致；

6.評析最能符合目標之政策。

政策所涵蓋的範圍極為廣泛，包括國防、外交、內政、教育、文化、經濟、財政、環保、醫療衛生等等。本文所探討的「中共對台政策」則以中共涉台有關的政治、外交、軍事、經濟等四大政策為主。但吾人必須理解，政策分析經常是沒有定論的，且不能完全解決一個被爭論的政治議題。政策制定系統的運作規則，基本上是無法駕馭、不理性的，實際上由菁英（Elite）所控制，且無法充分反映一般人民的需求。[40]我們所能做的只是盡可能去探知政策的內涵與影響，而無法完全解釋政策產出與輸入之間的必然因果關係。

---

[38] Harold D. Lasswell and Abraham Kaplan, Power and Society : A Framework for Political Inquiry New York : Yale University Press,1950, pp.71

[39] Carl Friedrick,Man and His Government : An Empirical Theory of Politics(New York:Mc Graw Hill,1963),pp.79.

[40] 林布隆原著；劉明德譯，《政策制訂過程》，台北：桂冠圖書股份有限公司，1991年，頁181。

第四節 範圍與限制

（一）時間範圍：

本文主要針對民進黨執政後，中共對台政策之諸般作為影響進行探討。限於筆者個人能力與時間等因素，因此研究時間限縮在２０００年五月陳水扁總統「五二０就職典禮」起，至２００３年五月陳水扁總統就職屆滿三週年迄。為使背景脈絡更加連貫，２０００年三月十八日總統大選結束後，中共相關反應與作為，亦列入本論文之討論範圍。

（二）內涵範圍：

由於中共對台政策牽涉範圍很廣，包括政治、經濟、軍事與外交與社會文化等面向，限於篇幅與個人能力，本文並不針對各項問題逐章探討，而是針對最主要的政治、經濟等層面，以時間為經，事件為緯，進行中共對台政策之總體性分析。由於中共對台政策有其一貫的持續性與延續性，過去的對台政策研究，也就是民進黨執政前的中共對台政策，既有的研究著作已非常豐富，本文將盡量避免重複之敘述，僅在討論影響中共對台政策之基本內涵與相關歷史背景時做必要的整理引用。

（三）研究限制：

關於中共對台的決策系統與決策過程，由於一貫採黑箱作業，且涉及兩岸軍事情報機密，重要決策資料並不向外公布，外界所能探知的大都為輸出項（Outputs）部分，筆者無法探知中共對台政策之決策過程（Process），以及中共決策系統之真正內幕與詳情。因此本文盡可能就中共所發佈之官方文件、重要政策宣示或聲明，亦即中共對台政策之產出部

分，客觀地進行政策分析研究；至於中共對台之決策系統與決策過程，則以黑箱作業定位之。

第五節　架構之建立

本論文之分析架構，根據 David Easton 的「系統理論」與「系統論政策分析模型」而成，將中共對台政策視為一個完整體系，透過「輸入→政治系統→輸出→反饋→再輸入」的動態過程，中共決策體系為了因應內外環境的變遷，必須做出政策調整與反應，形成政策與環境互動的研究架構。

1、輸入項（Inputs）：

「輸入項」是指影響中共對台政策產出的各項因素，包括內、外環境因素。內環境為「中國大陸內部因素」；外環境為「國際因素」與「台灣因素」。由於本文著重於台灣因素與兩岸互動面向，因此將「台灣政黨輪替」列為主要變項（動態變項），其他內、外環境因素列則為次要變向（靜態變項），在圖中以虛線與實線區分。

2、轉換過程（Conversion Process）：

政治系統將來自環境的輸入項轉成輸出項的過程稱為「轉換過程」，當中共國內、外的環境因素成為輸入項，進入政治系統後，「中共對台決策機制」必須將以處理，包括「中共中央政治局與中央軍委會」、「中共中央對台領導小組」、「中台辦與國台辦」、「中共涉台智庫」等決策單位。

3、輸出項(Outputs)：

經過轉換過程後，經由中共對台決策機制所做出的政策內容，包含決

策與行動,即為「輸出項」,也就是「中共對台政策」。本文主要對應「民進黨執政」所產生的改變與衝擊,探討中共對台政策的輸出與調整。在瞭解中共對台決策機制之運作情況後,限於篇幅與個人能力,中共對台決策機制之決策過程,將以黑箱作業的方式處理。

4、反饋(Feedback):

即政策執行後所引起的環境反應,在中共對台政策輸出之後,台灣地區反應則為「反饋」,並以此反饋作為輸入項之主要變因,進而影響「中共對台決策機制」在「中共對台政策」上的輸出,形成一個互動的動態過程。

綜上所述,本論文之研究架構如圖二所示。

圖 1-2、本論文研究架構

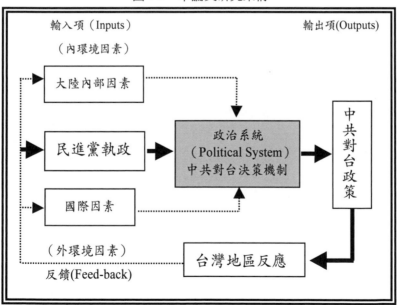

第二章　中共對台政策之環境因素

　　中共對台政策之環境因素與制訂背景，主要可分內環境與外環境兩個層面，本文根據「系統論分析模型」與研究架構所示，將「中共對台政策之環境因素」歸納為三個面向。在內環境因素方面，**「中國大陸內部因素」**是影響中共對台政策與兩岸關係的關鍵因素。在經濟發展的榮景下，中國大陸事實上正處於重大的變遷轉型階段，為因應其政治改革、經濟發展與社會問題等情勢變化，以及中國大陸內部所衍生的各項矛盾，不論是來自於政治上的接班問題、民主化壓力與官員貪污腐敗問題；或是國企改革、失業下崗潮、社會治安惡化與農村問題；以及貧富差距日益擴大與法輪功問題等，一旦中國大陸內部矛盾嚴重，為了轉移國內壓力及國際視聽，不排除中共轉趨對台強硬作為的可能，而導致對台政策的調整。

　　至於外環境因素，**「國際因素」**著眼於國際局勢變遷，提供了兩岸關係發展的國際關係框架，特別是美國政府態度，牽涉到「中」美關係之調整演變，並將對台政策納入中共全球戰略與外交佈局的範疇下思考。另外，**「台灣因素」**是中共對台政策之主要影響目標，台灣的政治、經濟情勢變化，包括兩岸經貿與民間交流發展，更是直接影響中共對台政策之主要因素。以下擬針對此三項環境因素，做一概括性之分析與探討。

第一節　中國大陸內部因素

一、政治方面

（一）中共政治接班與意識型態問題

「接班」是中共當局為和平順利轉移其領導權所實施的一套方法。自從1989年「天安門事件」之後，中共政局在江澤民逐步接班之下，無論在政策、組織結構、人事安排與意識型態各方面，皆做了許多調整，以因應其內部及國際環境變化。雖然在江澤民十三年的執政過程中，施政路線與作法上並無重大的突破，但亦逐步克服中共所面臨的內外困境，使中共政權得以平穩過渡，總結江澤民十三年之施政成績與意識型態理論依據，首推「三個代表」的提出。[1]

經過二十多年的改革開放，中國大陸形成了不同的社會結構，社會中主流的社會階層已經不再是工農階層，掌握經濟大權的是官僚資產階級以及私營資產階級，使中共政權出現了危機感，如果不與資產階級結盟，將有擴大政治對立面出現的可能。

江澤民在中共建黨八十週年的講話中指出：「中共已從一個領導人民為奪取全國政權而奮鬥的黨，成為一個領導人民掌握全國政權並長期執政的黨；已從一個受外部封鎖狀態下領導國家建設的黨，成為在全國改革開放條件下領導國家建設的黨」。[2]從提出三個代表到提出執政黨，江澤民有關私營企業主入黨可能鬆綁的談話引起外界深切關注，以及中共黨內的不同爭執意見。此一廣泛展開的政治運動，其實是中共為擴大其政權之社會基礎，試圖從代表廣大的工農下層群眾轉變到代表上層的資本家以及資產階級，以鞏固其領導權力與延續之政治運動。

---

[1] 江澤民提出之「三個代表」：「中國共產黨代表社會生產力發展、代表先進文化前進方向、廣大人民根本利益」，由中共中央組織部於 2000 年 5 月 23 日正式下發，成為新時期黨建指導綱領，藉此奠定第三代領導核心理論。

[2] 〈共產黨宣告從革命黨轉向執政黨〉，聯合報，2001 年 7 月 24 日。

政治繼承應包含權力繼承及政治體系與政策的變遷，它包括「人事安排」、「制度調整」、「理論繼承」等三面向。理論繼承即為路線或意識型態的延續，人事安排則為權力的分配，制度調整等於政策的更新。政治繼承的過程，起初是人事的安排，接著是接班人延續前一任之路線或意識型態以鞏固權力，權力鞏固後接著便是制度的調整，最後則為重建意識型態，並伴隨人事接班的安排，以作為另一個政治繼承循環的開始，請參見圖2-1。

圖 2-1：中共政治繼承循環圖[3]

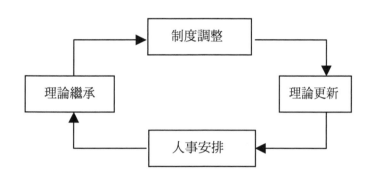

新加坡學者鄭永年指出「三個代表」的提出，表示中共已意識到黨和社會嚴重脫節的問題(意識形態覆蓋面大幅縮小，失去內在對稱性，不再履行統治、主導社會的功能)，亦願意根據客觀形勢的發展調整其意識形態。該理論也是鄧小平實用主義的延續，是中共進一步「非意識形態化」的表現。只是仍恐難化解黨和社會、黨內各部分間的深刻矛盾。[4]

---

[3] 資料來源：王嘉州，〈論『三個代表』與政治繼承〉，《中國事務季刊》，第十期，2002年10月，頁22。

[4] 香港信報，2000年8月8日，十三版

　　事實上，早在「三個代表」理論的提出前，九十年代中共已經歷了兩次意識型態變革，第一次是鄧小平在１９９２年南巡時確立了「市場經濟」的持續發展[5]；第二次則是江澤民在１９９７年的「十五大」，確立了「私有經濟」的地位[6]。這兩場意識型態變革，皆推動了中國大陸政治思想的進一步開放。在接班人方面，中共目前為集體決策型態，隨著政治強人如毛澤東與鄧小平之消逝，與幹部選拔的機制發展，未來中共政權由個人或少數人指定接班情況已不復見。

　　中共自「十五大」以來，在中央人事安排有一個七十歲最高年限的默契，任何人在任何職位超過七十歲就必須退下。江澤民２００２年十一月卸下國家主席與總書記職位後，延循鄧小平「**扶上馬、送一程**」安排，仍保留中央軍委會主席一職，作「半退」準備。而胡錦濤等人經過十數年歷練，成為中共第四代領導集體，胡錦濤接任中共國家主席與總書記，溫家寶則出任國務院總理，「江胡溫」體制逐漸成形[7]。鑑此，胡錦濤於權力鞏

---

[5] 1992 年 1 月 19 日至 23 日，「中國改革開放總設計師」鄧小平，再次前往「改革開放試驗場」——深圳經濟特區，發表一系列談話，包括：「堅持『一個中心、兩個基本點』，不堅持社會主義、不改革開放、不發展經濟，不改善人民生活，只能是死路一條」、「改革開放膽子要大一點，敢於試驗，不能像小腳女人一樣，看準了的，就要大膽地試、大膽地闖」、「誰堅持改革開放誰就上台，誰不搞改革開放誰就下台」等，進一步加深與促進中國大陸邁向改革開放與市場經濟發展的步伐與速度。鄧小平（1992），〈在武昌、深圳、珠海、上海等地的談話要點〉，《鄧小平文選第三卷》，北京：人民出版社，1994 年 10 月。

[6] 江澤民在「十五大」時高舉鄧小平旗幟，以「鄧小平理論」作為指導思想，將鄧小平自改革開放以來的所有主張、思想，統合成為「鄧小平理論」。並將其列入中共黨章，與馬列主義、毛思想並列，強調五年內不變，「鄧規江隨」的意味十分濃厚，使第三代領導人在過渡時期的權力基礎得以穩固。江澤民（1997），〈高舉鄧小平同志理論的偉大旗幟，把建設有中國特色社會主義事業全面推向二十一世紀〉，江澤民在中國共產黨第十五次全國代表大會上的報告，1997 年 9 月 12 日。

[7] 〈張榮恭：江澤民續任軍委主席是扶上馬送一程〉，中央社，2002 年 11 月 15 日。

固的過渡時期，政策路線架構短期內不至於產生太大變動，反應在對台政策上，則是僅在策略作為上做小幅度調整。

（二）貪污腐敗問題

根據一份２００２年初由中國社會科學院與新華社所做的問卷調查顯示：贊同「貪污是目前中國最為嚴重的社會問題」的專家高達42%。[8]中國大陸歷經由１９７９年以來二十多年的改革開放，一方面固然取得了非常大的發展與進步，但另一方面亦替中共政權帶來政治上許多危機與挑戰，同時形成中國大陸內在政經結構上許多的深層矛盾。雖然中國大陸老百姓的生活逐漸獲得改善，但在經濟發展的過程中，中共政權出現各級幹部貪污腐敗問題，已形成了政府與人民之間，也就是所謂「幹群關係」[9]的緊張與對立，形成了國家與社會之間巨大的不穩定因素。

中共以黨的領導為基礎核心，幹部甄拔為控制手段，層層節制之下，黨內或軍內濫用職權、包括黑金問題、權貴資本主義、太子黨等貪贓枉法之事層出不窮。著名且副省級以上的大案，包括：廈門遠華案[10]、陳希同

---

[8] 有關於中國大陸貪污問題可參考：林珮菁，《現階段中國大陸貪污問題及反貪法制之研究》，台灣大學國家發展研究所大陸組碩士論文，陳明通教授指導，2002 年。

[9] 中共建政前後，農村幹群關係緊密不可分；人民公社時期，幹群關係尚稱密切；但改革開放後的今天，幹群關係卻如油水或油火關係，中共稱之為「危險的裂痕」。江振昌，〈大陸農村基層政權控制研究〉，《國策期刊》，第一二六期，1995 年 11 月 28 日。

[10] 遠華案因 2000 年初，因香港媒體大幅報導曝光，涉及走私金額高達 800 億人民幣，涉案人數達 159 人，被捕或調查的官員包括福建省前「省公安廳副廳長」莊如順、中共前「廈門市委書記」劉豐、張宗緒，前「廈門市副市長」趙克明、前「廈門海關關長」楊前線等人。遠華案走私金額係大陸當局建政以來最大規模，涉案官員多，層級亦高。該案由中共中央紀律檢查委員會副書記劉麗英，組成調查組進行調查。一度傳聞前中共中央政治局常委劉華清之子，現任中央政治局委員、北京市委書記賈慶林之妻林幼芳，共軍前「總參謀部情報部長」姬勝德均涉案。（中央社，2000 年 1 月 9 日；聯合報 2000 年 1 月 12 日，十三版）。

案(原北京市委書記，１９９８年判處有期徒刑十六年)、胡長清案（江西省副省長，２０００年判處死刑）、叢福奎案（河北省副省長，２００１年開除黨籍與公職，移送司法機關處理）、李紀周案(原公安部副部長，２００１年被判處死刑，死緩兩年)等；另外，副省級以下的案件為數更多。[11]

據中共內部資料統計，１９９２年至２００２年，中共紀檢監察機關共立案查處違法違紀案件 163 萬 4 千多件，結案 155 萬多件，遭到中共黨紀政紀處分的貪官達 155 萬 5 千多人[12]。中國學者何清漣指出，中國大陸的貪腐已成了一個體制性問題，雖然中共一再強調與宣稱「反腐敗鬥爭」，但成效不彰。[13]根據鄭永年教授的分析，在於腐敗的真正根源是中共黨政體制內部，要根絕腐敗，最終仍要依賴政治制度改變，而不是運動式或行政式的反腐敗所能完成。[14]

另根據統計顯示，１９９７至２００２年間，大陸各級人民法院審理 11 萬 8 千多件政府官員犯罪案件，其中包括 19 名省部級官員，300 名廳局級官員，2,031 名縣處級官員，大陸幾乎已成了處處有貪官的社會。[15]除貪官污吏眾多之外，大陸貪官還呈現「年輕化」趨勢，出現「30 歲腐敗」現象，深圳市福田檢察院透露，該院近二年查處的幹部犯罪案件中，有五

[11] 徐斯儉，〈「十六大」政治情勢研判〉，《展望 2003 年兩岸政經發展研討會》，行政院研考會、台灣智庫與中山大學社會科學院主辦，2002 年 12 月 1 日。

[12] 〈胡錦濤面臨貪污腐敗失業下崗貧富差距挑戰〉，中央社，2003 年 2 月 26 日。

[13] 何清漣，《現代化的陷阱─當代中國的經濟社會問題》，北京：今日中國出版社，1998 年。

[14] 鄭永年，《江澤民的遺產：在守成和改革之間》，美國紐澤西：八方文化企業公司，2003 年。

[15] 中央社，2002 年 11 月 21 日。

成四以上犯罪人員年齡在 31-40 歲之間，該年齡層已成為貪污腐敗的高發期。[16]

根據香港媒體報導，中共中央紀委、中組部、公安部在內部通報中指出，至２００２年七月底，失蹤、潛逃、外逃的大陸黨政幹部達 9,400 多人，已證實逃到外國的有 6,500 多人，公安部門已發出通緝令 6,200 多份。另據中共中央紀委、中央金融工委在內部通報指出，２００１年全年大陸外逃資金達 4,500 多億人民幣，2002 年一至六月的不完全統計顯示，外逃資金達 2,550 億元人民幣。[17]

二、經濟方面

（一）中國大陸總體經濟發展

中共改革開放二十多年來，經濟快速發展，在世界經濟增長明顯減速的情況下，中共經濟一枝獨秀，在世界一百三十多個國家中，中國大陸為世界第六經濟大國。據中共國家統計局發佈的統計數據顯示，大陸２００２年全年度ＧＤＰ總值達人民幣 10 兆 2,398 億元，成長率為 8％，更勝２００１年之 7.3％成長率。[18]但由於美伊戰後，國際經濟情勢變數仍多，且中國大陸受到非典型肺炎（ＳＡＲＳ）的衝擊，尤其是貿易和旅遊業影響最大，２００３年的經濟成長仍有待觀察。

在對外經濟方面，中國大陸對外貿易與吸引外資方面都不斷擴大，已成為國際經濟非常重要的成員。１９７８年中國大陸貿易總額為 206 億美元，位居世界第 32 位；２０００年增至 4,743 億美元，比１９７８年擴

---

[16] 中央社，2002 年 10 月 10 日。

[17] 《爭鳴》，2002 年 10 月，頁 18。

[18] 大陸經濟日報，2003 年 3 月 1 日，四版。

大了 23 倍，位居全世界第 7 位。同時，中國出口商品結構發生很大的轉
變：1978年中國工業製成品佔總出口的 37%，初級產品佔 63%；2
000年中國工業製成品佔總出口的 90%，初級產品的比重則下降為
10%。[19]

　　自1997年亞洲金融風暴發生，導致大陸產品需求減少，東南亞國
家幣值下跌，使中國大陸產品相對競爭力降低、出口減少，全球金融市場
動盪的連鎖影響日漸明顯，亞洲地區經濟蕭條。為了因應加入ＷＴＯ，大
陸金融部門積極加強進行金融改革，大陸當局於1999年底批准了 10
家區域性民營銀行成立，對長期處於壟斷的大陸金融業引進競爭機制。[20]另
外，「十五大」後所進行的國有企業改革逐漸趨緩，無法以資遣員工的方
式進行「再就業工程」，進而轉換整體經濟結構。使得中共當局必須挪用
建設經費以保障下崗員工之基本生活條件，因此產生了資金排擠結應，導
致其整體經濟體系競爭力之衰退。

　　大陸中國科學院國情研究中心研究報告指出，大陸經濟發展正面臨兩
項重大挑戰，一是城鎮失業人口日益突出，二是農業發展正處於歷史上最
困難的結構調整時期。[21]中國大陸未來十年的經濟前景預測，最樂觀為年
均增長 8%，最悲觀為 3%。中國經濟增長速度是樂觀或悲觀完全取決於
中國政府是否能夠順利推動經濟改革與轉型。國際貨幣基金會（ＩＭＦ）
在2002年九月的報告中指出：「中國的經濟增長及財政持續穩定很大
程度都依賴於結構性改革，特別是要進一步發展良好的商業導向型銀行系

---

[19] 資料來源：童振源，〈中共十六大前後經濟局勢評估〉，《展望 2003 年兩岸政經發展
　　研討會》，行政院研考會、台灣智庫與中山大學社會科學院主辦，2002 年 12 月 1 日。
[20] 中國時報，2000 年 12 月 9 日，十三版。
[21] 中國時報，2001 年 6 月 28 日，十一版。

統，完善國有企業重組尤其重要。」[22]

整體而言，固然中國大陸２００２年經濟快速發展，成長率達 8%；同時，２００３年人均ＧＤＰ預計將超過 1,000 美元。[23]但其經濟體系內卻存在諸多負面因素，導致其經濟發展面臨許多考驗，首先是財政、國有企業、與國有銀行方面，所產生的嚴重赤字預算、銀行呆帳與製作假帳等問題；其次是三農問題與下崗職工所引發的失業危機，對經濟與政治體制所產生的影響。[24]反應在社會方面，社會差距與社會抗議事件頻傳，更造成中國大陸政治與經濟情勢進一步惡化。

（二）中國大陸農村問題

中國農村目前存在的基本問題就是農民的負擔增加、收入下降，社會兩極分化日益嚴重。[25]台灣學者陳志柔指出三農問題（**農村、農民與農業**）**及下崗失業的積重難返，是所有社會不安與反抗的結構成因**。經濟情勢的遲滯或惡化會是社會不穩定的導火線，但經濟縱使持續成長，由於經濟成長果實的分配極端不平均，因此經濟成長無法從根本扭轉三農及下崗失業的結構成因。[26]在全球化的背景下，特別是中國大陸加入世界貿易組織（ＷＴＯ）之後，這些問題將顯得更為嚴峻複雜。

中共前國務院總理朱鎔基２００３年三月在「全國人大」進行最後一

---

[22] 〈IMF 建議中國脫離固定匯率機制〉，工商時報，2002 年 9 月 28 日。

[23] 經濟日報，2002 年 12 月 16 日，十版

[24] 關於下崗失業與社會保障體系問題，可參考：夏嘉璐，〈中國大陸社會保障體系之研究—以下崗失業問題為例〉，國立台灣大學國家發展研究所碩士論文，林萬億、周繼祥教授指導，2003 年 1 月。

[25] 李昌平，〈三農問題與對策〉，《世紀中國》，2001 年 7 月。

[26] 陳志柔，〈中共十六大後的社會情勢分析〉，《展望 2003 年兩岸政經發展研討會》，行政院研考會、台灣智庫與中山大學社會科學院主辦，2002 年 12 月 1 日。

次政府工作報告時，提出當前大陸面臨的主要社會問題包括：「農民和部分城鎮居民收入成長緩慢、失業人員增多、收入關係尚未理順、重大安全事故時有發生、社會治安狀況不好，生態環境惡化、腐敗現象突出等」。[27]根據中國社科院社會學所樊平指出，「九五」期間農民收入的增長幅度下降，1998、1999和2000年農民農業收入的絕對量也在下降。其中糧食價格下降以及鄉鎮企業發展趨緩是兩個重要原因[28]。

　　農民負擔增加的來源，主要是來自地方的縣鄉政府。由於國大陸農村基層政府的機構臃腫、財政惡化、以及幹部腐敗有著密切關係，龐大的政府機構像一座其重無比的大山，壓在農民的背上。目前，全國共有 4.8 萬個鄉鎮政府、80 萬個村委會和 520 萬個村民小組，全國縣及縣級以下農民出錢養活的幹部（不包括教師）高達 1316.2 萬人，平均每 68 個農民供養一個縣及縣級以下幹部。另據統計，全國鄉鎮總供養人員為 1285 萬人，除去已離退休的 280 萬，在職的還有 1005 萬人，其中黨政機關人員 140萬人，平均每個鄉鎮 31 人，而每個鄉鎮實際供養人員已高達 235 人[29]。

　　中國大陸加入ＷＴＯ以後，此一情況面臨更嚴重挑戰，中國大陸農產品的平均關稅將降至17%，必須在２００４年以前完成關稅減讓。由於中國的糧食以及農產品價格缺乏國際競爭力，將嚴重影響農業的產出與就業，惡化所得差距與區域均衡。估計在農業方面，加入ＷＴＯ以後，中國大陸每年必須增加 2000 噸的糧食進口，農村居民收入將下降 2.1%。且

---

[27] 人民日報，2003 年 3 月 6 日，第二版

[28] 樊平，〈變動中的中國農村與農民〉，汝信等編，《社會藍皮書：2002 年中國社會形勢分析與預測》，北京：社會科學文獻出版社，第 254 頁，2002 年。

[29] 杜導斌（2002），〈農民問題面面觀〉，《遞進民主》網頁，2002 年 7 月 28 日。
    <http://www.dijin-democracy.net/content/index.asp?id=567>。

會有約 960 萬的農民被迫失業,或移轉至製造業和服務業等其他工作。[30]大陸知名的經濟學者,國務院發展研究中心研究員吳敬璉指出中國大陸農村問題嚴重,不但農產品成本過高,且當前農村剩餘勞動人口高達 1 億 5,000 萬人,[31]大陸農村所引發的失業與社會問題,將在下述章節繼續探討。

(三)失業與下崗人口問題

隨著大陸「國企」改革政策的鼓勵兼併、破產,造成龐大下崗失業工人,再加上原有的村勞動力過剩人口,失業問題已相當嚴重。根據中國大陸官方公布數據顯示,截至２００２年底,大陸城鎮登記失業率達 4%,比前一年上升 0.4%,今年將升高至 4.5%。大陸統計局公布數字顯示,去年全大陸就業人員總數為 7 億 3 千 740 萬人,比前一年增加 715 萬人,其中城鎮就業人員 2 億 4 千 780 萬人。[32]但中共前國務院總理朱鎔基早已公開表示,承認中國大陸失業率已超過 7%,且宣稱這樣的失業率和國際相比不算太高;[33]根據另外一份學界研究指出,如果將全國登記失業人員、下崗人員、待業人員(不包括農村剩餘勞動力)全部加起來,總數約 1912 萬人,失業率則應該是 10.4%。[34]

大陸官方公布的失業率數字主要是指城鎮地區有「登記」的失業人口,未包括未登記、下崗及廣大農村未能就業人口。根據２００３年３月

---

[30] 李善同、王直、翟凡、徐林,《WTO:中國與世界》,北京:中國發展出版社,2000 年,頁 47-57。

[31] 中國時報,2001 年 3 月 14 日,十一版。

[32] 中央社,2003 年 3 月 7 日

[33] 朱鎔基於 2002 年 9 月 23 日訪問奧地利時,做出上述表示。〈朱鎔基:大陸失業率已達 7%〉,經濟日報,2002 年 9 月 24 日。

[34] 城市失業下崗與再就業研究課題組,〈我國城市中的失業下崗問題及其對策〉,中國人民大學報刊複印資料,社會學,2000 年,第 3 期。

所揭露的數字，目前大陸國有企業下崗失業人員約 1150 萬人，城鎮每年新增勞動力 1000 萬人，農村「失地農民」約 2000 萬人，城鎮中打工農民 8000 萬人，還有農村其他剩餘勞動力，加起來高達上億人。[35]

大陸學者胡鞍剛以勞動人口（十五歲至六十四歲）減掉就業人口的方式計算，估計中國大陸失業人口為 1.55 億左右，失業率高達 20.1％。[36]根據聯合國與世界銀行的估計，在１９９０年代末期，在農村大約有一億兩千萬至一億四千萬的勞力剩餘人口，大約是農村勞動力的 35～40%。據中國官方統計，２００１年，農村勞動力為四億八千人，其中勞力剩餘人口高達一億七千萬人，佔當時農村從業人員總數的 35%[37]。章家敦亦在《中國即將崩潰》一書中指出，中國大陸的失業與隱藏性失業人口，已超過法、德、英三國人口的總和。[38]還有其他類似的統計數據，皆顯示中國大陸的失業率早已超過 20%以上。[39]

大陸媒體指出，大陸城鎮地區新增加的勞動力將達到高峰，每年城鎮需要就業人口達 2,200 多萬，但每年新增加的就業機會約在 800 萬左右，因此年均就業機會不足的缺口達到 1 千 400 萬個。此外，農村地區還有 1 億 5 千萬多餘的勞動力要需轉移，多餘勞動力佔農村人口約 20%，大陸城鎮地區政面臨嚴重的就業壓力。[40]中國社會科學院社會學研究所副所長

---

[35] 聯合報，2003 年 3 月 13 日

[36] 胡鞍剛，〈從國情看就業問題〉，《中國婦女》，1996 年第 8 期。

[37] 〈我國農村勞動力及轉移狀況分析〉，中國統計信息網，2002 年 4 月 28 日。
〈http://www.stats.gov.cn/tjfx/fxbg/200205310111.htm〉

[38] 經試算法、德、英三國人口總和，約在二億左右。章家敦著，侯思嘉、閻紀宇譯，《中國即將崩潰》，台北：雅言文化，2002 年。

[39] 參考蔡昉主編，《2002 年：中國人口與勞動問題報告》，北京：社會科學文獻出版社，2002 年，頁 185。

[40] 北京青年報，2003 年 2 月 9 日。

黃平表示，下崗失業問題如此嚴重的主因有三：一是大陸勞動力太多，進行結構調整時有些產業面臨淘汰，造成更多失業；二是農村地區有幾億剩餘勞動力，未來還會大量湧進城市；三是大陸人口目前仍持續增加，新增勞動力也不斷增加，下崗失業問題未來十到二十年可能都解決不了。[41]

根據大陸勞動和社會保障部內部文件指出，目前大陸就業弱勢族群主要包括：（1）35歲以上人員；（2）長期下崗失業者；（3）無技能和低技能勞動者；(4)女性下崗職工。下崗工人通常年齡偏大，且文化程度並不高，職業技能也不高，再就業非常困難，依據2001年上半年度的調查，下崗職工再就業率為11.1%，比2000年少了4.9%。[42]加上中國大陸的社會安全體制幾乎不存在，如此大量的失業人口很可能會導致嚴重的社會動盪、甚至暴亂。[43]隨著中國經濟的改革深化，下崗失業問題的日益嚴重，失業與貧困化的流動人口，造成城鎮社會不穩定的重要來源，導致中共大陸社會穩定指數逐年遞減，社會犯罪事件比率亦隨之增加。[44]中共中央雖然已經在思考貪污、民怨與失業等問題，但就是不願進行結構性改革，而高喊安定至上的口號，更加突顯出中共官方正面臨的嚴峻情勢。

三、社會方面

（一）社會差距問題

鄧小平「**先讓一批人富起來**」的不平均發展策略，令中國大陸過去二

---

[41] 中國時報，2003年3月14，十一版。

[42] 莫榮，〈就業形勢依然嚴峻〉，汝信等編，《社會藍皮書：2002年中國社會形勢分析與預測》，北京：社會科學文獻出版社，2002年，第166頁。

[43] 〈前哨月刊〉，2003年1月號，頁19-20。

[44] 參考朱慶芳，〈改革開放以來社會經濟協調度的綜合評價〉，《2001年：中國社會形勢分析與預測》，北京：社會科學出版社，2001年。

十年的發展主要集中在沿海地區，至今存在著「差距問題」。東南沿海的經濟發最為快速，而西部地區則相對落後，這種格局造成了沿海與內陸的發展差異，且隨著市場經濟以及經濟全球化的發展，有愈來愈擴大傾向。主要包括「**城鄉差距**」「**貧富差距**」（所得收入差距）、與「**東西差距**」（沿海與內陸差距），此種城鄉與東西之間的發展差距，造成人口流動與沿海城市的社會問題，亦是造就貪污腐敗日益嚴重的滋生背景。

社會差距是社會不平等的表現，社會不平等往往是社會不滿的結構成因，很有可能會成為破壞社會穩定的催化劑，甚至演變為大規模的社會動亂和統治危機，隨著國有企業的改革以及進入世界貿易組織所帶來的衝擊，中國大陸的失業人口還要繼續增加，所得分配的不平均在短期內並無緩解的跡象。

中國大陸收入差距逐年擴大，正好與近年來的經濟成長齊頭並進。經濟成長集中在幾個大城市及區域經濟區，如長江三角洲、珠江三角洲、東部沿海省分。尤其２０００年以降，經濟成長的利潤向中國高科技業及外資產業部門傾斜，據估計，最高收入與最低收入者的收入差距每年正以3.1％的增長速度擴大。[45]中共國家統計局所公布的統計數字，大陸城鄉居民收入成長率差距正進一步快速擴大，２００２年城鎮居民平均收入為7,703 元人民幣，農村居民為 2,476 元，城鄉收入差距從２００１年的 2.91倍增加到 3.11 倍。另外，城鎮地區居民收入成長率為 12.28％，比農村地區的 4.6％，成長速度高出近 3 倍。[46]

---

[45] 楊宜勇、辛小柏，《中國當前的收入分配格局及發展趨勢》，汝信等編，《社會藍皮書：2002 年中國社會形勢分析與預測》，北京：社會科學文獻出版社，2002 年，頁 144-154。

[46] 資料來源：中共國家統計局，〈2002 年國民經濟和社會發展統計公報〉，2003 年 2 月28 日

世界銀行所發佈的《2002 年世界發展報告：建立市場體制》中指出，以每人每天平均收入一美元的國際貧困線計，到１９９８年年底截止，中國有一億零六萬人生活在貧困線以下。[47]如同大陸學者胡鞍鋼所言，按照人均ＧＤＰ美元值(ＰＰＰ)計算，根本無法讓世界瞭解中國真正的發展不平衡狀況，中國內部的差距已經超過了所謂「第一世界、第二世界、與第三世界」的差距，中國內部存在著包括比第三世界還窮困的「第四世界」；或者說，中國內部有「四個世界」。[48]如果任由此趨勢繼續發展下去，中國大陸不需要外來威脅，其內在自身的發展矛盾很有可能會引發巨大衝突，而造成政治與社會等各層面危機。

（二）社會結構不穩定

1、社會抗議事件頻傳

中共近年來社會抗議事件頻傳，示威抗議、糧食短缺及貧富差距，都是大陸社會不穩定因素的重要現象，示威抗議的規模不但持續擴大，且參與的階層也在增加，其中工人與農民的抗爭，更是長期存在的問題。據中央社會治安綜合治理委員會統計，１９９９年共發生 11 萬餘件各類型未經批准的遊行、示威、集會活動(比前一年增加 70%，平均一天發生近 300 起)。發生的各類事件中有 98.5%屬於人民內部矛盾或人民內部矛盾所轉化。特徵包括有組織、有目標地佔據黨政機關、採用暴力行徑者大幅上升，帶有明顯政治傾向或目的，有境外敵對勢力策動，對政治社會穩定帶來干

---

[47] 抱石 （2002），〈World Bank: Corruption Hurts Poverty-Reduction and Hinders Development〉，《人與人權》網頁，2002 年 12 月 18 日。

[48] 〈「一個中國 四個世界」析地區發展差距〉，中國經濟時報，2001 年 4 月 17 日。〈http://finance.sina.com.cn/d/53140.html〉

擾日趨嚴重。[49]

根據台灣學者陳志柔的歸納整理，中國大陸在２０００年就發生了工人抗議事件30,000 次，平均每天發生 80 多起；２００１年共發生 7,650 件農民暴力抗爭衝突事件，有近八百萬人次參與，造成 1 萬 3,000 多人傷亡，其中包括地方、鄉、村幹部、公安、武警 9500 多人；２００２年一至八月底，農民衝擊、佔據鄉縣政府、黨委大樓事件有 131 件，呈顯出中國各地社會抗議事件的普及性和嚴重性[50]。

中共「十六大」前夕，２００２年十一月四日，遼寧省遼陽市鐵合金廠、遼陽紡織廠超過千名工人因失業、生活困難，在遼陽市政府門前示威抗議。[51] 十二月二日，黑龍江省佳木斯市發生大規模示威活動，超過 2,000 名工人要求發放安置費與積欠工資，赴市政府抗議，並攔堵火車示威抗議。[52]

２００３年一月七日，安徽省合肥市合肥工業大學爆發１９８９年「天安門事件」以來最大規模學生示威活動，二萬多名學生因為該校三名女學生被大貨車衝撞，造成二死一傷。該省發行量最大的報紙新安晚報又報導車禍是學生違規引起。學生先後在安徽省人民政府抗議、大陸當局安徽省委辦公大樓及新安晚報大樓示威抗議。安徽省副省長張平出面與學生對話，並在新安晚報答應在頭版刊登道歉啟事後，學生當晚便結束抗議。此次事件也引起中央關切，總書記胡錦濤當晚做出三項批示：（1）嚴懲肇

---

[49] 岳山，〈社會狀況惡化的驚人數字〉，《爭鳴》，2000 年 2 月，頁 23-24。

[50] 陳志柔（2002），〈中共十六大後的社會情勢分析〉，《展望 2003 年兩岸政經發展研討會》，行政院研考會、台灣智庫與中山大學社會科學院主辦，2002 年 12 月 1 日。

[51] 中國時報，2002 年 11 月 5 日，十一版

[52] 中央社，2002 年 12 月 13 日

事者；（2）做好大學院校門口交通安全；（3）各大學院校做好學生思想工作。[53]

2、分離與獨立運動

中共政權自建立以來，分離意識和獨立運動始終存在，未曾消弭，尤以西藏、新疆、蒙古等地區為最，在大陸各地暴動頻傳之際，大陸當局始終未放鬆對異議人士的控制，同時對於宗教組織仍採高壓手段。美國國務院於2000年發布全球宗教自由報告，強烈批評大陸的宗教自由益形惡化，違反國際法及國際公約。報告指責大陸仍存在著「制度化、極其明顯、持續不斷的宗教迫害」，且變本加厲，天主教及基督教徒家庭聚會被迫害、鎮壓西藏、鎮壓法輪功。[54]根據國際人權組織統計顯示，自1999年大陸當局宣布法輪功為非法組織，下令全面逮捕法輪功學員至2001年，已有五萬多人被捕和監禁，許多法輪功學員被公安人員毒打和體罰，其中263人遭到迫害死亡，600多人被強行送入精神病院，一萬多人未經審判即送進勞改所，更有億萬家屬受到無辜牽連。[55]

法輪功的積極抗爭，讓中共當局如芒刺在背，坐立難安，加上為數眾多的解放軍與黨幹部參與練功，更反映中國大陸信仰危機之深重，中共政權倍感威脅，將法輪功視為頭號敵人，排在「民運」及「黑道」之前，並將社會問題推壓成政治問題。[56]中共政權將這些基層人民所潛在的躁動，稱為「新形勢下的人民內部矛盾」，其特點是：（1）群體性事件增多；

---

[53] 中國時報，2003年1月10日，十一版

[54] 中央日報，2000年9月7日，十版。

[55] 中央社，2001年8月24日。

[56] 香港信報，2001年2月10日，十八版。

（2）對抗性增強；（3）利益性矛盾突出；（4）發展趨勢更加複雜多變，包括了矛盾成因的複雜性加大、矛盾主體的外延性進一步擴大、人民內部矛盾與其他矛盾進一步交織。[57]

綜上所述，中國大陸目前所面臨的內部危機繁如牛毛，限於篇幅，本文無法完全探討，只能建構大致的輪廓，以瞭解中共在制訂對台政策時的內部因素。**政治方面，一是政治接班與意識形態問題；二是貪污腐化問題；經濟方面則是由於發展結構失衡，導致的三農問題與下崗失業人口問題；以及在政經結構下所引發的區域差距問題與社會抗議事件頻傳等危機。**

中共為轉移人民對中國大陸內部矛盾的不穩定情緒，中共官方塑造了「民族主義」，也就是所謂的「愛國主義」，做為中共政權化解上述危機的論述辦法，除了作為國家民族的凝合劑，更成為了中共在對台政策上的基本策略和政策基礎。[58]**在「民族主義」訴求下，中共將兩岸問題歸類為「祖國統一大業」，將兩岸關係被窄化成為「台灣問題」。**中共官方將台灣視為「祖國神聖領土」的一部份，不僅忽視兩岸關係的政治制度與經濟、社會差異，亦將兩岸關係狹隘化，甚至妖魔化台灣，以阻絕台灣成為中國大陸內部追求民主自由的燈塔示範效應。中共當局認為，只要有愛國主義、民族主義感情，再加上武力迫談與阻斷國際干涉，就可以實踐「一國兩制」的方針。這種訴諸民族主義的統一策略，不僅試圖說服台灣地區的人民，亦可用來號召大陸的老百姓，忽略中國大陸的內部不穩定，並支持其對台

---

[57] 中共中央組織部課題組，《2000-2001　中國調查報告－－新形勢下人民內部矛盾研究》，北京：中央編譯出版社，2001年，第67-68頁。

[58] 關於民族主義與愛國主義對兩岸關係影響的論述探討，可參考：董立文，〈一年來兩岸關係回顧〉，《海峽兩岸學術研討會》論文，中國互聯網新聞中心網頁，2001年8月10日。
〈http://202.130.245.40/chinese/TCC/haixia/49987.htm〉

與外交政策上的諸多作為。

第二節 國際因素

國際勢力干預兩岸問題，一直為中共所排斥，尤其是美國的干涉；除了排斥外國勢力干涉，中共對台灣外交活動亦始終表示反對態度。中共２０００年二月的《一個中國原則與台灣問題》白皮書中說：「中國政府以一個中國原則對待台灣的對外交往活動。台灣當局極力在國際上推行所謂『務實外交』，擴大所謂『國際生存空間』，其實質是製造『兩個中國』、『一中一台』，中國政府理所當然地要堅決反對。同時，考慮到台灣經濟社會發展的需要和台灣同胞的實際利益，中國政府對台灣同外國進行民間性質的經濟、文化往來不持異議；並在一個中國前提下，採取了許多靈活措施，台灣同外國的經貿、文化往來提供方便。例如，台灣可以『中國台北』的名義繼續留在國際奧會中，事實上，台灣與世界上許多國家和地區保持著廣泛的經貿和文化聯繫。」[59]

中共全方位多管道的封殺打壓台灣國際生存空間，其意在阻止「台灣問題國際化」，消滅我國際人格，矮化台灣政治地位，以達其「一國兩制」最終目標。江澤民在「江八點」中強調中國人的事自己辦，不需藉助國際場合，反對外國勢力干涉中國統一和台灣獨立，阻止外力的介入。１９９５年六月李登輝訪美後所招致的海協、海基兩會接觸停擺，七月開始的一連串文攻武嚇，就是中共不允許國際勢力干涉台灣問題的最佳證明。

---

[59] 中共國務院台灣事務辦公室、國務院新聞辦公室，《一個中國原則與台灣問題》，人民日報，2000 年 2 月 22 日。

　　中共與美國建交後，台灣在美全球戰略中的地位有所下降。但在九０年代冷戰結束後，台灣在美國全球戰略中的地位便開始呈上升趨勢，**幾十年來，美國一直是影響，兩岸關係互動發展的主要外部原因。**目前「中」美關係雖漸趨於穩定，但未來兩國衝突將隨大陸國力的持續增強而增高，甚至導致對抗。中共雖然一直強調「反和平演變」，但仍然無可避免受到世界體系影響，以及參與各項國際組織，因此國際情勢變化，仍然會牽動中共對台政策的轉變。**而在國際局勢變化中，又以「美國態度」最為重要，**因此本節主要針對「**美國對華政策**」，以及「**九一一事件與美國全球戰略的影響**」，探討中共對台政策之國際因素。

一、美國對華政策

（一）小布希總統上任的轉變

1、柯林頓時期：

　　美國的對華政策，在過去柯林頓時期採行「戰略夥伴」與「全面交往」的對華政策，明確提出對華政策之三大支柱：「**堅持一個中國**」、「**堅持對話**」與「**和平解決**」，[60]一定程度上向中共傾斜。中國現代國際關係所俞曉秋副研究員表示：「中國關心的是如何集中精力、爭取時間實現自己的發展和解決問題，而不是在國際上與美國搞對抗。[61]江澤民在柯林頓政府時期就擬定了對美外交「**增加信任，減少麻煩，發展合作，不搞對抗**」的十六字方針，並極力說服美國把中共當做一個「大國」看待。[62]

---

[60] 〈布希證明美仍在亞洲舉足輕重〉，自由時報，2002 年 2 月 24 日。

[61] 人民日報，2000 年 11 月 21 日。

[62] 《努力建立中美建設性的戰略夥伴關係：江澤民主席對美國進行國事訪問》，北京：

「**不武不獨**」多年來一直是美國臺海政策的底線。由於柯林頓總統在第二任內認定臺北為「麻煩製造者」，所以政策向「不獨」的方向傾斜；一九九八年的「**新三不**」就是其代表作。[63]柯林頓政府將中共定位為「戰略夥伴關係」，期盼中共和平演變的同時，並構築了「美日安保合作新指針」與「美中建設性戰略夥伴關係」之雙軌戰略，試圖在二者之間尋求平衡，使美、日、中三邊關係時有波動。與此同時，美國仍堅持和平對話解決兩岸問題，希望透過全面交往，協助中共融入國際社會，促進中共的經濟改革，進一步使中共扮演國際社會建設性角色，最終促使中共成為民主國家。[64]

2、小布希時期：

小布希競選美國總統和上任初期，就有重新審議柯林頓時期美台政策和提升美台軍事關係的意圖。1999年十一月，小布希於加州雷根圖書館發表演說時強調，「中共不是戰略夥伴（strategic partnership），而是戰略競爭者（strategic competitor）」。[65]小布希總統上任後，其亞太政策明顯調整了柯林頓政府的「親中抑日」形象，並強調「鞏固同盟」的重要性，卻對美、中關係採取「觀望」的取向。

小布希總統上任後，由於憂慮中共攻臺能力與意圖強化，而我國的抵抗能力與決心弱化，所以政策上向「不武」的方向傾斜。[66]改變柯林頓後

世界知識出版社，1998 年，頁 76。

[63] 蘇起，〈兩岸又開啟一扇機會之窗〉，中央日報，2002 年 2 月 25 日，十一版。

[64] 許志嘉，〈美國的一個中國政策發展〉，台灣主權論述論文集編輯小組，《台灣主權論述論文集》台北：國史館 ，2001 年，頁 869。

[65] 聯合報，2001 年 7 月 31 日，13 版。

[66] 蘇起，〈兩岸又開啟一扇機會之窗〉，中央日報，91 年 2 月 25 日，十一版。

期致力於與中國發展「建設性戰略夥伴關係」，一度將中國定位為「戰略競爭對手」，冷戰後美對華政策由「接觸加遏制」轉變為「遏制加接觸」。雖然小布希政府對中共未完全採用「圍堵」觀點，但亦不如柯林頓時期與中共積極交往，在其他經濟等層面的政策上，仍維持過去的政策，未提出更具體及重大的改變。基本上維持「一個中國」的基本政策宣示，但亦同時強調與日本戰略合作。在台灣問題方面，小布希更明白表示，台灣若遭到挑釁，美國將會協助台灣自衛。[67]

小布希政府的「戰略競爭者」雖未將中共定位為敵人，但中共方面卻認為，美國對中共的定位是往「敵」而非「友」的方向偏移，對中共的態度也顯得較為強硬。[68]對中共而言，在布希政府對中共定位的戰略調整下，雙方關係在布希政府初期並不如以往密切。隨著美國戰略重心調整和美國軍事戰略重點東移，美國更加重視與突顯台灣的戰略地位和使用價值，並加快調整對台政策和提升美台關係的步伐，其中最突出的是美台軍事關係的進一步強化。

（二）美對台軍售問題

小布希政府上任之後，２００１年四月二十五日，美國總統布希在接受美一家廣播公司採訪時，明確宣示，如果中共攻擊台灣，美國將竭盡所能協助保衛台灣。[69]美國軍方並表示，未來將由美軍太平洋總部與台灣軍隊建立「準戰略同盟」關係，若美軍遭到中國大陸進攻時，希望台灣能提

---

[67] 中國時報，2002 年 2 月 23 日，1 版。

[68] 〈撞機事件前後的中美關係〉，環球時報（北京），2001 年 4 月 13 日。

[69] 中國時報，2001 年 4 月 29 日。

供必要的基地或設施供緊急避難使用。[70]美國務卿鮑威爾亦表示,「我們的政策是『一個中國』,但我們也有義務提供武器給台灣,這些武器是防衛性質和傳統性的,也可稱常規的」,美國根據上述兩項底線提供武器給台灣,目的是「如此他們會覺得安全」。[71]

中共國務院新聞辦公室發表的《2000年中國的國防》白皮書中提及,「解決台灣問題完全是中國內政,中國政府堅決反對任何同家向台灣出售武器或與台灣進行任何形式的軍事結盟,反對任何形式的外來干涉」。「如果出現台灣被以任何名義從中國分割出去的重大事變,如果外國侵佔台灣,如果台灣當局無限期地拒絕通過談判和平解決兩岸統一問題,中國政府只能被迫採取一切可能的斷然措施,包括使用武力,來維護中國的主權和領土完整,實現國家的統一大業」。「『台灣獨立』就意味著重新挑起戰爭,製造分裂就意味著不要兩岸和平。中國人民解放軍堅定不移地以國家意志為最高意志,以民族利益為最高利益,完全有決心、有信心、有能力、有辦法捍衛國家主權和領土完整,決不容忍、決不姑息、決不坐視任何分裂祖國的圖謀得逞。」[72]

雖然如此,近年來美國不斷派出考察團來台,對台灣武器裝備和軍事技術等進行檢測評估,並給予指導和幫助。布希新政府上臺後,進一步加快了美台軍事合作的步伐,美台軍事互動更趨頻繁,形式方法更加多樣。

2001年初,美國政府以「野戰防空」、「反登陸」及「聯合作戰」重點,對台陸軍軍事實力進行評估,決定向台灣提供 MI 坦克及阿帕奇

---

[70] 參見美聯社華盛頓,2001 年 5 月 14 日披露,美國國防部委託蘭德公司提交的研究報告。

[71] 美聯社北京,2001 年 7 月 28 日報道。

[72] 人民日報,2000 年 6 月 16 日。

直升機。２００１年二月二十二日，美國著名軍火公司洛克希德‧馬丁公司進駐台灣，成立了台灣洛克希德‧馬丁公司航太服務公司，該公司與台灣八家航空工業廠商簽署了備忘錄組成策略同盟，　美向台出售 P—3C 反潛巡邏機和「宙斯盾」、「神盾」系統作準備。三月，國防部長湯曜明赴美出席「２００２年美台防禦高峰會」，這是自１９７９年台美「斷交」後，我國防部長首次「專程赴美」。[73]

　　２００１年七月，美派出一個小組來台，專門就「海空安全走道」進行評估。七月初，台軍廿名軍官赴美接受　期兩周的培訓。美國防部已決定２００２年度增額訓練台灣特戰軍官。２００１年，台灣軍方已有近 1000 餘名校級以上軍官赴美學習培訓。陳水扁在接見日本自民黨成員和接受美國記者採訪時，公開提出三點希望：（1）希望美、日、台三國合作，共同對付大陸的「導彈威脅」；（2）希望能夠加入美國區域導彈防禦系統；（3）希望與美軍搞聯合軍事演習。[74]

　　在美國的全球戰略之下，中共為彌補其傳統武力，極力發展飛彈戰力現代化，目前已有「東風 5 號」、「東風 31 號」、「東風 41 號」三種移動式、使用固體燃料的新型飛彈。此外，中共還有射程涵蓋日本的中程飛彈「東風 4 號」、「東風 3 號」、「東風 21 號」飛彈[75]。這些現代化的戰力，可以作為對外施壓工具，牟取中共國家利益。鑑於中共所形成之強大軍事壓力，台灣的國家家安全防衛相對弱小，兩岸的軍事已經逐漸失衡，美國政府基於不過份刺激北京之大前提下，雖然在對台軍售項目上有所調整，但仍不致於有結構性突破。

---

[73]　中央社，2002 年 3 月 9 日。

[74]　中央社，2001 年 7 月 2 日、16 日。

[75]　〈世界網站日報：北京等待著美伊戰爭？〉，大世紀網站，2002 年 11 月 28 日。

二、九一一事件與美國全球戰略

（一）中美軍機擦撞事件

2001年四月一日，中共殲八戰機與美國 EP-3 偵察機發生意外擦撞事件，中共損失一架飛機及一名飛行員，美國偵察機則迫降海南，使中美兩國關係進入另一個階段，使得美國與中共關係陷入低潮，針對這個突發意外事件，中共官方強調，美軍侵入領空，在中共戰機升空攔截時，偵察機突然轉向撞及中共戰機，導致戰機墜毀。[76]中共要求，美國應承擔全部責任，做出道歉。[77]

美國方面則認為，美機只是進行例行性偵察任務，並未侵入領空，布希總統要求中共立刻歸還機組成員和偵察機。經過十餘天的外交協商，事件解決，美方表達措辭平和的「深刻的遺憾」（deep regret），中共則解讀為「道歉」，並歸還人機，使此次事件落幕。[78]軍機擦撞事件凸顯中共與美國之間仍存在互不信任，雙方關係基礎的脆弱性。[79]軍機擦撞事件造成中美雙方危機，也確實讓中美關係跌入谷底，但也同時提供了雙方關係的轉機。到了四月底、五月初，雙方政府開始採取較和緩的態度，展示緩和雙方關係的善意。

隨後，布希政府向美國國會建議給予中共正常貿易國待遇；美國與中共完成加入世界貿易組織（ＷＴＯ）最後的談判；對北京申辦奧運一事，美國政府保持中立，未依國會建議杯葛北京；中美也針對軍機擦撞事件完

---

[76] 人民網，2001 年 4 月 1 日。

[77] 〈唐家璇就美偵察機撞毀中國軍用飛機召見美駐華大使普理赫〉，人民網，2001 年 4 月 4 日。

[78] 陳錫蕃，〈南海軍機擦撞事件〉，《中央綜合月刊》，第三十五卷第五期，2001 年 6 月。

[79] 倪世雄，〈從世界格局看中美關係〉，《中國外交》，2002 年 1 月，頁 29。

成最後的協商。美國一連串的「善意」舉動，化解了軍機擦撞事件，中美關係改善出現了轉機。

　　２００１年七月，美國國務卿鮑爾訪問北京，鮑爾公開表示，在中美關係定位上，他不再使用戰略競爭者形容中共，訪問北京期間，他更多次公開以「朋友」稱呼中共。[80]鮑爾更進一步在記者會中提出，布希總統希望與中共建立「建設性合作關係」，強調美國要在人權、貿易、禁止武器擴散等議題加強與中共的對話與合作。[81]至此，中美關係已略有逐漸走向和緩的跡象。

　　布希總統上台之後，「中」美關係雖然經歷了軍機擦撞意外，及美國調整國防戰略與對華政策的影響，但是中共並未放棄對美外交的基本方針，而是進入「勸說等待」時期，對美國動作採取低調反應態勢。在「九一一事件」之前，布希總統對華政策明顯的傾向台灣，使得中共外交部公開宣稱「對中、美關係造成進一步損害」。[82]

（二）九一一恐怖攻擊事件

　　西元２００１年九月十一日上午，三架被中東恐怖分子劫持的航空客機先後撞上美國紐約市的世界貿易中心（World Trade Center）與華盛頓的五角大廈（Pentagon），另一架被劫持的客機則因不明原因墜毀在賓州匹茲堡近郊。賓拉登（Osama bin Laden）已被證實為此次恐怖攻擊計畫的主謀。據信因為此次恐怖攻擊事件而喪生的人數達三千餘人。[83]

---

[80] 〈美國不再使用戰略競爭者〉，聯合報，2001 年 7 月 31 日，十三版。

[81] 〈鮑威爾：美國希望與中國建立建設性合作關係〉，人民網，2001 年 7 月 28 日。

[82] 〈發言人就美總統布希關於售台武器的言論發表談話〉，中共外交部網站，2001 年 4 月 26 日。〈http://www.fmprc.gov.cn/chn/10020.html〉

[83] 中國時報，2001 年 9 月 12 日，九一一事件之相關報導。

　　EP-3 撞機事件一度使中美關係跌入低谷,但隨後轉為和緩,「九一一事件」的發生中美關係改善提供了新的契機。中共減低對中共、巴基斯坦、中亞、東南亞國家人權記錄的批評,改以反恐合作為主。在「九一一事件」後,布希總統兩次訪問中國大陸;另外,２００２年四月底,中共國家副主席胡錦濤應美國副總統錢尼之邀訪問美國;十月下旬,江澤民到德州克勞德農場與布希會晤[84]。顯示「九一一事件」之後,中美兩國領導人密集舉行高峰會,雙方因 EP-3 及對台軍售所產生的摩擦獲得緩解,[85]中美關係在反恐、經濟、政治和軍事等領域得到擴展與恢復契機。

　　由於「九一一事件」的發生,反恐和國家安全上升為美國最首要的問題,美國認為「邪惡軸心國」、恐怖主義根源,以及對美構成最大潛在威脅的國家及熱點地區大都來自亞洲,促使美國戰略重心,特別是軍事戰略重心向東移動。美國並調整「輕本土安全」改為「以本土為重」的戰略,成立「北方指揮部」與「國土安全部」,通過航空安全法,加強邊境檢查;稍後又倡議成立公民團(Citizen Corps)以強化美國本身的民防及反恐安全工作。[86]美國的反恐政策主要有四個要點:第一、對恐怖份子不讓步、不談判;第二、讓恐怖份子接受司法審判;第三、孤立並壓迫支持恐怖主義的國家以改變其行為;第四;對於支持美國反恐行動的國家給予必要的

---

[84] 反恐戰爭期間,布希與江澤民分別於 2001 年 10 月、2002 年 2 月與 10 月進行過三次高峰會,第一次布江會晤藉 APEC 這個國際場合在上海舉行(上海會晤);第二次則是布希訪問日、韓、中國大陸的亞洲之旅(北京會晤),第三次是江澤民前往墨西哥參加 APEC 順道過境訪美(德州會晤)。

[85] 林正義,〈九一一事件與中美台關係變化〉,《和平論壇》,戰略與國際研究所網站,2002 年 9 月 24 日。
〈http://www.dsis.org.tw/peaceforum/papers/2002-09/CST0209001.htm〉

[86] 〈布希簽署成立國土安全法案〉,中國新聞網,2002 年 11 月 26 日。
〈http://www.chinanews.com.cn/2002-11-26/26/247107.html〉

支持，藉以提昇其反恐能力。[87]

「九一一事件」造成美國安全觀念的轉變，其全球戰略思考與作為則出現下列九項調整：（一）對短期恐怖主義威脅與長期潛在敵手警戒並重。（二）對防衛對象的認知，以「能力取向」取代「威脅取向」。（三）以單邊、雙邊與多邊並舉之方式，追求國家利益。（四）設定敵我分明的邏輯，持續強化與民主盟邦的合作關係。（五）成立國土安全部，同時強調國土安全與全球集體防衛。（六）反恐行動第一、第二戰線並列。（七）對「邪惡軸心」國家既聯合又鬥爭。（八）對外政策將更具協調性，著重美國「軟性權力」的施展。（九）從「先制攻擊」與「防衛性干預」概念中產生追求「絕對安全」的思想。[88]

雖然反恐合作改善了中美關係，但「九一一事件」並未改變美國對台灣安全的支持。２００１年九月，陳水扁在接見英國記者來訪時稱，「台灣已接獲美國保證維持對台安全的重要承諾」，「九一一事件」不會影響美國對台灣的支援。[89]布希稱台灣為「好朋友」，表明美國「會記住對台灣人民的承諾，會推動一個有效的飛彈防禦系統保護此地區的人民」。美國副國防部長伍佛維茲(Paul Wolfowitz)在２００３年三月在佛羅里達州，與我國防部長湯曜明會晤，九月上旬，美國又邀請我國防部副部長康寧祥訪美。雖然布希政府一再強調「不支持台灣獨立」，美國與台灣安全的合作，未因中共協助反恐而有任何削弱。

---

[87] 參見美國國務院反恐處（Counterterrorism Office）網頁資料，2002年4月30日，〈http://www.state.gov/s/ct/〉。

[88] 請參考董立文，〈九一一事件對美國安全戰略與對華政策的影響〉，蘇進強主編，《九一一事件後全球戰略評估》，台北：台灣英文新聞出版公司，2002年9月，頁59-82。

[89] 中央社，2001年9月21日。

中國對於美國的全球反恐戰爭，只做了有限度的支持，中國官方宣稱「支持打擊一切形式的國際恐怖主義，但中國主張有關的行動，應該符合聯合國憲章的原則、宗旨及國際法準則」。中共同時強調：「打擊國際恐怖主義的行動應該有確鑿的證據，中國反對任意擴大打擊範圍」。[90]隔一段時間，美國肯定中國迅速表態支持及提供合作，包括：中國封閉「中」阿邊界、持續在資訊與情報交換的協助、協助阻止資助恐怖組織、支持美國根據聯合國憲章第五十一條享有自衛權。[91]

隨著美國全球戰略的調整和美國軍事戰略重點的東移，中美關係的新變化和美台關係升溫，對海峽兩岸關係的發展增加了新的不穩定因素和不確定性，並直接影響到兩岸關係的發展。「九一一事件」使國際關係出現一系列新變化，引發出新的特點和新的發展走勢，亦為海峽兩岸關係的發展帶來程度不同的影響。但**中美關係的基本結構並未發生根本性變化，經濟依然是中美關係的重點**。對於美國的台海政策，中共認為目前為止布希總統並沒有改變「三個公報」、「一個中國」的基本框架。[92]

第三節　台灣因素

台灣因素對中共大陸的影響，主要可分為政治與經濟兩方面。在政治方面，**中共對主權問題的認知**，與台灣執政者完全不同，無法達成共識與交集；另外在台灣民主化過程中，**政治情勢變遷**對中共政權與社會所造成

---

[90] 人民日報，2002 年 10 月 21 日，第一版。

[91] 東森新聞報，2001 年 11 月 29 日。

[92] 李肇星，「妥善處理台灣問題是推進中美關係的關鍵」，2002 年 2 月 6 日。〈http://www.can.com/ciperad.php〉。

的衝擊與影響，亦值得吾人關注。經濟方面，在中共「以經促統、以商圍政」的戰略方針指導下，**「民進黨執政後的兩岸經貿關係發展」**，以及**「兩岸三通發展進程」**，在中共對台政策的影響因素中，皆具有關鍵性作用。

一、政治方面

（一）台灣主權問題

1、中共對台灣主權問題的理解與認知

中共將台灣視為其領土的一部份，強調從歷史、文化、人種與民族血緣等方面，證明台灣人為中國人、台灣自古為中國領土；中共當局對台灣問題的認知，常與中國近百年的屈辱歷史連結，認為台灣問題是１９４９年後，中國內戰尚未結束所遺留下來的問題，純屬中國內政，不容外國勢力插手干涉，反對台灣當局勾結外國勢力製造「兩個中國」、「一中一台」和「台灣獨立」。說到台灣問題，總是脫離不了如下宣示：「中國近代史是一部被侵略、被宰割、被凌辱的歷史，也是中國人民為爭取民族獨立，維護國家主權、領土完整和民族尊嚴而英勇奮鬥的歷史。台灣問題的產生與發展，都與這段歷史有著緊密的聯系」、「這種狀態一天不結束，中華民族所蒙受的創傷就一天不能愈合，中國人民為維護國家統一和領土完整的鬥爭也一天不會結束。」[93]

中共對於台灣主權的論述與理解在於，「台灣在第二次世界大戰之後，不僅在法律上而且在事實上已歸還中國。之所以又出現台灣問題，與隨後中國國民黨發動的反人民內戰有關，但更重要的是外國勢力的介

---

[93] 《台灣問題與中國統一白皮書》前言，北京：中華人民共和國國務院，1993 年 8 月 31 日。

入」。[94]並主張政府繼承原則，強調「1949年十月一日，中華人民共和國中央人民政府宣告成立，取代中華民國政府成為全中國的唯一合法政府和在國際上的唯一合法代表，中華民國從此結束了它的歷史地位。[95]」中共已經理所當然的繼承了原來的中華民國政府，代表中國行使包括對台灣省在內的全中國主權。其次，中共認為暫時未能對台灣行使統治權，依照國際法原則並不代表領土主權的必然喪失。

但**台灣主權問題，是否真如同中共當局所認知地如此理所當然、順理成章？**

2、台灣主權地位之演變

姑且不論台灣是否「自古以來便是中國的一部份」，[96]但**中華人民共和國從未在法理，也從未在實質上佔有台灣，此部分是無庸置疑的。**1895年馬關條約之後，台灣割讓給日本，成為日本領土的一部份；二次世界大戰後日本戰敗，根據1951年九月八日簽訂《舊金山和約》，規定日本放棄台灣、澎湖，1952年四月二十八日和約生效，日本放棄對台灣、澎湖的主權，但並未將台灣歸給中華民國或中華人民共和國；日本與國民黨政府在台灣簽署《中日和平條約》，明訂放棄對台灣的主權，雖然未確定台灣的主權之歸屬，使台灣地位處於未定的狀態，台灣自此脫離日本主權管轄。

1950年韓戰爆發，美國派遣第七艦隊協防台灣海峽，當時美國的

---

[94] 同前引註。

[95] 中國國務院由國務院台灣事務辦公室、國務院新聞辦公室發表（2000），《一個中國的原則與台灣問題白皮書》，北京：中華人民共和國國務院，2000年2月21日。

[96] 關於這方面之論述探討，可參考李筱峰，〈台灣自古不屬中國，現在也是〉，自由時報，2001年1月7日。

杜魯門總統發表「中立化政策」和「台灣地位未定論」聲明，[97]表示台灣地位仍屬未定狀態，有意識地避免處理台灣歸屬問題；１９５４年，美國與國民黨政府簽署《中美共同防禦條約》，明訂中華民國領土即指台灣，但美國國會在批准時，仍特別聲明台灣的法律地位不因條約之締結而獲得解決。

　　雖然中華人民共和國自１９４９年成立，取代中華民國政府在中國大陸的主權行使地位；１９７０年後，許多國家紛紛與中共建交，中共皆要求將「承認台灣是中國一部份」放在建交公報上時，大多數國家以「留意」、「認知到」或「充分理解、尊重」表示其立場。隨著國際情勢與國際現實轉移，１９７１年中華人民共和國進入聯合國，取代中華民國政府席次，而有所謂的「2758 號決議文」。[98]但從另一角度觀之，2758 號決議文並未解決「中國」問題，僅只解決「中國代表權」問題，「國」依然分裂。**雖然中華民國政府被迫離開聯合國，雖然中華民國的邦交國始終無法突破卅個，雖然中華民國的主權領域大幅度變更，但中華民國從未消失，中華民國政府始終存在直至今日，中共當局對於台灣主權的完全繼承與概括承受，實為恃強凌弱的片面之辭，並不符合兩岸自１９４９發展至今的歷史**

---

[97] 1950 年 6 月 25 日韓戰爆發，兩天後，美國總統杜魯門發表台灣中立化宣言，提出「對台灣將來的地位，必須等到太平洋的安全恢復，及對日本的和平條約成立後，或者聯合國予以考慮，才能確定」，此即為所謂的「台灣地位未定論」。

[98] 1971 年 10 月 25 日聯合國 2758 號決議文內容：「to restore all its rights to the People's Republic of China and to recognize the representatives of its Government as the only legitimate representatives of China to the United Nations, and to expel forthwith the representatives of Chiang Kai-shek from the place which they unlawfully occupy at the United Nations and in all the organizations related to it.」。意即「承認中華人民共和國為中國在聯合國內唯一的合法代表，並立即把非法佔有席位的蔣介石代表，從聯合國及附屬組織中驅逐出去。」

〈http://www.taiwan2un.org/roc.htm〉

現實。

在台灣問題上，美國堅持對台灣的承諾，以「**台灣關係法**」來平衡三個公報，中共與美建交後，美國國會在「台灣關係法」立法過程中，清楚表達不願意針對台灣國際法地位明確表態，同時明定「台灣」一詞，包括「在１９７９年之前被美國承認為中華民國的台灣之統治當局及任何繼承之統治當局」，承認在台灣有效統治政府的存在事實。[99]

１９９９年五月份，民進黨通過「台灣前途決議文」[100]，正式接受中華民國為主權獨立的國號與國體；**２０００年中華民國第十屆總統大選，台灣透過政黨輪替實現了政權本土化及民主化的完成，從國際法理論的角度看，中華民國與台灣之間的關係已獲得解決，台灣的國際法地位應重新獲得確定。**但由於台灣仍繼承舊的中華民國體制，新政府無從宣示台灣已是一個新的國家，而必須接受中華民國的國號與框架，因此要國際接受台灣是一主權國家，應受到國際承認，並不容易。反映到台灣加入聯合國問題，究竟是以新國家身份申請？抑或以中華民國的名義要求「回到」聯合國，產生諸多爭議，加上中共在國際上的打壓，皆成為台灣申請加入聯合國的主要障礙。

（二）台灣政治情勢變遷對中共的衝擊

１９９４年的台灣省市長選後，１９９６年總統改由公民直選，使台灣意識逐漸抬頭，本土化意識抬頭與趨勢變化在台灣政治生態中發酵；台灣政黨政治的發展與民眾參政意識的升高，都使中共在評估兩岸關係發展

---

[99] 〈台灣關係法全文〉，1979 年 1 月 1 日生效，和平論壇網站。
〈http://www.dsis.org.tw/database/sino-us/china/d1-5.htm〉
[100] 〈台灣前途決議文〉，民進黨第八屆第二次全國黨員代表大會通過，1999 年 5 月 9 日。

的方向上產生困惑。從第一次「辜汪會談」以後，兩岸關係在政治層面基本是陷入一種停滯不前，甚至是劍拔弩張的狀態。

台灣1996年與2000年兩次的總統大選，造成台灣朝野政治生態重整，亦引發中共當局緊張，以及程度不等的兩岸關係危機，從宏觀的角度而言，台灣的民主化始終不斷衝擊中共政權與對台政策，此為不爭且明顯的事實。在「穩定壓倒一切」的最高指導原則下，當前中共最重要的任務仍是努力推動自1978年以來發展的國家整體經濟建設，台灣問題並不是最亟需解決的迫切問題[101]。但面對兩岸政治紛歧與軍事對峙問題時，兩岸既欠缺官方直接接觸對話，連官方所授權的民間中介機構，即台灣的「海基會」與大陸的「海協會」，也自1999年七月中斷至今。

台灣學者董立文教授指出，**從宏觀的角度而言，台灣的民主體制正在衝擊著中共政權，兩岸之間的制度差距是影響兩岸關係正常進展的最重要因素，而兩岸之間制度的差距主要在民主的有無，減少制度差距的方法應該便是中國大陸的民主化**。面對著台灣的民主變局，台灣人民可以直接選舉總統，並完成政黨輪替，中共正逐漸摸索面對此變局的自處之道，亦慢慢學習如何看待台灣的民主，而試圖發展出一套詮釋台灣民主的模式。[102]台灣的民主發展超乎中共所能掌握，且與對台政策高度連結，不論台灣民主的品質如何，台灣的政治民主化，亦受到國際的認同與肯定，台灣的民主經驗應可在兩岸關係中扮演重要角色。

---

[101] 楊憲村、徐博東著，《世紀交鋒─民進黨如何與共產黨打交道？》一書中，頁282-290，專訪中國國際問題研究所資深研究員郭鎮遠教授，〈大陸對台政策「穩定大於一切」〉。

[102] 董立文，〈一年來兩岸關係回顧〉，海峽兩岸學術研討會，中國互聯網新聞中心網頁，2001 年 8 月 10 日。

二、經濟方面

（一）民進黨執政後的兩岸經貿關係發展

隨著經濟全球化的迅速發展和市場經濟的主導作用，海峽兩岸之間的經貿交流不斷增加，多年來大陸一直是台灣貿易順差的重要來源，台灣對大陸的貿易順差隨著其對大陸出口的增長而快速增加。２０００年，台灣對大陸貿易順差額高達 188.07 億美元，是當年台灣對全球貿易順差額（83.10 億美元）的 2.26 倍。但２００１年以來，受經濟下滑、台灣國內需求嚴重不足、國際市場不景氣等多種因素影響，台灣對外貿易增速減慢，引起兩岸貿易增速趨緩。２００１年全年增長率又出現負值。顯然，**對大陸貿易順差是台灣總體貿易順差的重要來源，如果沒有與大陸的貿易，台灣貿易將出現貿易赤字局面，對大陸的鉅額貿易順差支援著台灣經濟的發展。**

在民進黨執政後，相較於兩岸在政治方面的僵持與低迷，兩岸民間往來卻發展得比過去任何一個時期都更快速、更密切。以２００１年為例，兩岸貿易總額達 323.4 億美元，其中台灣向大陸出口 273.4 億美元；兩岸間接貿易總額達 2372.7 億美元，其中大陸對台灣出口 333.78 億美元，台灣對大陸出口 2030.17 億美元，台灣方面順差達約 1696 億多美元。[103]２００１年台商投資大陸增長幅度，成為１９９５年以來最大的一年。

截至２００１年三月底止，台商赴大陸投資的件數高達 23216 件，占台灣對外投資的 39%，台商對大陸投資的經貿依存度已達警戒線。陸委會發佈的兩岸依存度亦高達 24%。[104]台商投資專案日趨大型化，且投資

---

[103] 資料來源：中共海關總署。

[104] 自由時報，2001 年 11 月 16 日。

領域逐漸向金融、保險、醫療、電訊、航空等領域擴展，並逐漸以知識密集和資本密集的電子、資訊等高科技產業為龍頭和主體，目前已有超過 40% 的上市公司赴大陸投資。

根據統計，２００３年一至二月份我對大陸貿易總額估計為 60.42 億美元，較上年同期成長 38.0%，占我同期對外貿易總額 16%，比重較上年同期增加 2.1 個百分點；其中我對大陸輸出金額估計 46.90 億美元，較上年同期成長 33.5%，占我出口總額 23.6%，比重較上年同期增加 3.8 個百分點；我自大陸輸入金額為 13.52 億美元，較上年同期成長 56.1%，占我進口總額 7.6%，比重較上年同期增加 1.4 個百分點；貿易順差達 33.38 億美元，較上年同期成長 26.1%。[105]

民進黨執政後，台灣經濟情勢並不樂觀。在全球經濟不景氣的衝擊下，台灣２００１年的經濟增長率為負 2.12%；失業率逾 5.3%；利率加匯率縮水，全民資產快速萎縮；股價指數一度跌至 3411 點，跌破十年線，超過百檔股票跌過面值。[106]在兩岸政治問題始終僵持的情形下，兩岸的經貿發展成為最顯著的焦點課題，尤其在兩岸加入世界貿易組織以後。中國大陸開放市場對台灣勞力密集產業產生強大吸納力；經濟互賴對政治所產生的強大壓力，包括「以商圍政」、「以經促統」等問題，亦逐漸浮出檯面，成為無可避免的焦點議題。

兩岸的貿易與投資活動是兩岸中最活躍的因素，並由此帶動兩岸通郵和通航的發展。２００２年台灣對大陸出口繼續增長，一至四月台灣對大陸輸出九十二億美元，年增長率達 21.2%，貿易順差 69.9 億美元，較去

---

[105] 資料來源：〈九十二年二月份兩岸貿易情勢分析〉，2003 年 4 月 29 日。
〈http://www.trade.gov.tw/prc&hk/bi_ch/mo_index.htm〉
[106] 聯合報，2001 年 12 月 24 日。

年大幅增長 23.4%。[107] ２００２年前五個月,台商在對外投資衰退的情況下,對大陸投資則繼續增長近 13%,金額達 12.07 億美元。[108]台灣已成為大陸第五大貿易夥伴,第二大進口市場;大陸則是台灣第二大出口市場和最大的貿易順差來源。這些變化使兩岸經濟關係的連結越來越緊密。請參考「圖 2-2、我國對大陸貿易額/順(逆)差趨勢圖」。[109]

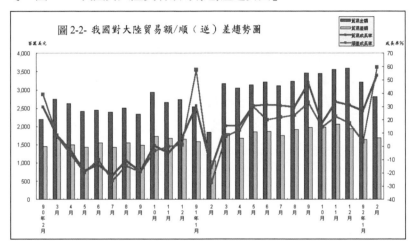

[107] 經濟部國貿局,《兩岸貿易統計》,2002 年 6 月 17 日發佈。

[108] 同前引註。

[109] 資料來源:〈兩岸貿易情勢分析 2003 年 2 月份〉,2003 年 4 月 29 日。
〈http://www.trade.gov.tw/prc&hk/bi_ch/mo_index.htm〉

　　除此之外，台灣亦成為全球最依賴大陸市場的地區，兩岸的文化交流也大幅擴增，每年到大陸探親、旅遊和從事各種交流活動的台灣人民亦已超過三百萬人次。在「政治疏離、經濟整合」的情況之下，台灣和中國大陸的經濟關係，隨著雙方的經濟發展和各種投資、貿易互動不斷加強。國際上普遍認為，**當兩岸經貿與民間交流越來越頻繁，在交叉利益的影響之下，兩岸發生戰爭的機率越來越低**。兩岸若發生衝突，除了將衝擊兩岸經濟發展之外，亦會影響東亞經濟，甚至成為另一波亞洲經濟危機之來源。

（二）兩岸三通發展進程

　　自從１９７９年中共在〈全國人大常委會告台灣同胞書〉中，首次提及兩岸「三通」（通郵、通商、通航）說法之後，二十多年以來，**促進兩岸「三通」始終是中共試圖「以通促統」的重要對台政策方針**。[110]〈葉九條〉的第二條也明白表示，「我們建議雙方共同為通郵、通商、通航、探親、旅遊以及開展學術、文化、體育交流提供方便，達成有關協議。」[111]另外，中共總書記江澤民在〈江八點〉中也強調，「要大力發展兩岸經濟交流與合作」，並且指出「兩岸直接通郵、通航、通商，是兩岸經濟發展和各方面交往的客觀需要」、「應當採取實際步驟加速實現直接『三通』」。[112]

　　在兩岸通郵部分，經過二十多年來的努力，兩岸郵政部門已經相互封發航空和水陸路函件郵包，開辦了平常信函、掛號信函、明信片、航空郵簡、印刷品及盲人讀物等郵政業務。兩岸郵政業務快速增長，根據中共官

---

[110] 〈全國人大常委會告台灣同胞書〉，人民日報，1979 年 1 月 1 日，一版。
[111] 〈葉劍英向新華社記者發表的談話〉，人民日報，1981 年 9 月 30 日，一版。
[112] 〈為促進祖國統一大業的完成而繼續奮鬥〉，人民日報，1995 年 1 月 31 日，一版。

方的統計，１９８９年兩岸互寄郵件 1300 多萬件，到２０００年達到 4500
多萬件，增長三倍多。[113]

兩岸人員往來和經貿、文化等各方面交流的不斷擴大，兩岸電信業務
量迅速發展。１９８９年，兩岸電話業務量為 252 萬次，到２０００年增
加到 13500 萬次，增長了 50 倍。目前，大陸打到台灣的電話量占對境外
業務量的第二位（僅次於香港），同時台灣到中國大陸的電信業務量已居
台灣至國外業務量的第一位。據中共方面統計，由台灣打到大陸的電話數
量由１９９０年的 1400 萬分鐘增加到２０００年的 3.23 億分鐘，增幅超
過 23 倍；而大陸打到台灣的電話分鐘數則增加 14 倍。２００１年上半年
兩岸通話次數高達 1.2 億次，較上年同期增長 25.8％，通話 3.6 億分鐘，
較上年同期增加 33.2％。[114]

在兩岸空中通航方面，為方便兩岸人員往來，澳門航空公司和港龍航
空公司先後從１９９５年十二月、１９９６年八月開始，分別經澳門和香
港機場換班號，一機到底飛行兩岸之間。兩岸航空公司為兩岸旅客實行了
行李直掛、一票到底的服務，兩岸航空公司亦已建立票務結算關係，雙方
在機務維修、航空管制、航空氣象、航空醫學等方面皆進行了交流與合作，
兩岸航空運輸經第三地的貨運量不斷增加。[115]在兩岸政治僵局始終無解的
情況下，形成很奇特的國際現象。

隨著兩岸在２００１年底先後成為世界貿易組織（ＷＴＯ）的成員

---

[113] 中共中央黨校、中共中央台灣工作辦公室編著：《台灣問題讀本》，中共中央黨校出
版社、九州出版社，2001 年 9 月，第 150 頁。

[114] 北京經濟日報，2001 年 12 月 2 日。

[115] 中共中央黨校、中共中央台灣工作辦公室編著：《台灣問題讀本》，中共中央黨校出
版社、九州出版社，2001 年 9 月，頁 139。

國，雙方的經貿往來將逐步擴大，民間交流亦將伴隨經濟機制的接觸而更形熱絡，因此在兩岸通航方面亦有進一步發展。１９９７年四月十九日，福州、廈門至高雄港的試點直航啟動，結束兩岸商船四十八年來不能直接通航的歷史，為兩岸的海上直航跨出第一步。１９９８年起，兩岸走國際航線的集裝箱班輪可以直接掛靠兩岸港口，兩岸貿易貨運船舶可經第三地換單不換船，一船到底航行兩岸之間。截止２００２年二月底，兩岸共十二家航運公司參與「試點直航」業務，共完成 7587 個航次，運輸集裝箱 176 萬個[116]。

２００１年一月，民進黨政府開放金門、馬祖與福建沿海「小三通」，隨後又有限度開放台貨物和人員經金、馬單向中轉大陸等。在兩岸不能直接通航的情況下，中國大陸福建省的馬尾、廈門先後與馬祖、金門簽訂加強民間交流的協定，同時台灣各界亦以進香、交流等各種名義，自金門中轉至廈門。２００２年二月二十七日，廈門「中洲輪」裝載「廈門國貿公司」近兩千噸建材由廈門「同益碼頭」首次起航駛往金門，開始雙方貨運往來。馬祖與福州馬尾之間的民間交流和往來亦有相當進展[117]，兩岸海上通航正一步步向前邁進。

---

[116] 北京環球時報，2002 年 7 月 8 日。
[117] 福建海峽導報，2002 年 2 月 28 日。

第三章　民進黨執政後的大陸政策

從２０００年的「五二０就職」做為一個起點，民進黨與陳水扁總統的大陸政策經過一段時期的發展，逐漸地自成體系，其內容包括：「在中共無意對台動武的前提下的四不一沒有」；「對話、交流、擱置爭議的九二精神」；「跨黨派小組的三項認知、四項共識的結論」；「兩岸政治經濟統合論」；「民主、對等、和平」的主張與「兩岸交流各項政策鬆綁」的取向。[1]楊憲村在《世紀交鋒》一書，將陳水扁總統的大陸政策分為四個階段：[2]

1、「五二０」就職演說時期；

2、「統合論」時期；

3、以「中華民國」架構做為對外統一說法時期；

4、推翻「九二共識時期」。

在民進黨執政後，每個時期都有針對兩岸關係與大陸政策出現過階段性的策略考量，主要體現在民進黨政府各種重要演講論述與若干公開談話等政策性文件中。參考上述分期，本文將中共對台政策的主要輸入變項：「民進黨執政後的大陸政策」，依照其大致發展時期與主要政策核心，分為「**四不一沒有**」、「**一中議題與九二共識**」、「**兩岸統合論**」、「**積極開放有效管理**」與「**一邊一國論**」五個部分。除了民進黨的大陸政策內容之外，民進黨執政三年來的兩岸關係發展與變化，亦一併在各節當中加以分析探討。

---

[1] 中華歐亞基金會，《兩岸關係的結與解總結報告》，台北：中華歐亞基金會，2001 年。

[2] 楊憲村、徐博東著，《世紀交鋒—民進黨如何與共產黨打交道？》，台北：時報文化初版，2002 年 5 月，頁 41。

第一節　四不一沒有

一、從「三一八當選」至「五二０就職」

　　２０００年三月十八日，是台灣民主發展過程中的關鍵時刻，就在這一天，台灣人民用選票，決定了台灣政治邁向政黨輪替的里程碑，國民黨結束在台灣的長期執政，將中央政府的執政權交給民進黨。[3]從「三一八當選」到「五二０就職」這段時期，台灣人民需要安養生息；中共當局需要時間適應陳水扁當選總統，以及重新理解台灣人民的想法；民進黨人士亦需要時間做執政的準備。在此情況下兩岸關係進入觀察階段，下表是陳水扁與呂秀蓮在此時期，在兩岸相關議題方面，見諸國內各報章媒體的論述內容：

表 3-1、從「三一八」至「五二０」陳、呂兩岸關係論述整理[4]

議　題	論　述　內　容
兩岸定位問題（一個中國原則）	陳水扁： ➢ 兩岸在對等關係下，只要「一個中國」不是前提、不是一個原則，而是一個議題，雙方就可坐下來談談看、說說看。（900320） ➢ 台灣人民不可能接受中國的所謂「一個中國」，或是「一國兩制」，台灣要求的是對等立場的對話談判。（900325） ➢ 台灣主張自決權不等於宣示台灣獨立，除非大陸以武力犯台，台灣不會片面宣佈獨立。（900410） ➢ 只期待台灣接受北京的要求，以「一個中國原則」為條件進行對話是不合理的，因為連美國與中共對「一個中國」的認知都有不同，台灣內部的看法更是分歧。（900412） ➢ 關於邦聯制的新思維可不可行、能否形成國內朝野共識，有很大的討論空間。（900421）

---

[3]　根據中央選舉委員會公布之計票結果,陳呂配在總統大選的得票數是 497 萬 7697 票，宋張配 466 萬 4922 票，連蕭配 292 萬 5513 票，李馮配 1 萬 6782 票，許朱配 7 萬 9429 票，總投票數是 1278 萬 6671 人，投出的有效票是 1266 萬 5393 票，投票率高達百分之 82.69%，比四年前大選的投票率高出約 6%。（中國時報，2000 年 3 月 19 日）

[4]　資料來源：國內各報章媒體

議　題	論　述　內　容
兩岸定位問題（一個中國原則）	呂秀蓮： ➤ 兩岸應定位在「遠親近鄰」的特殊關係上。（900321） ➤ 我國國名當然是中華民國。（900321）
面臨中共武力威脅	陳水扁： ➤ 台灣人民都認為台灣有必要參加戰區飛彈防禦系統（TMD），這是台灣的民意。（900325） ➤ 台灣的安全不能過度依靠武器的採購，要有智慧以非軍事手段去除不必要的對立，有智慧化解兩岸危機，追求兩岸和平。（900407） ➤ 台灣不能因為中共的恐嚇就忍讓到一點原則都沒有，台灣人民有誠意和解兩岸關係，即使被逼到牆角還可以忍受，但不可能被逼到不能喘氣。（900505）
兩岸交流	陳水扁： ➤ 在確保國家安全與人民利益的前提之下，我們願意就兩岸直接通航、通商、投資、和平協定、軍事互信機制等各項議題進行協商。（900318） ➤ 兩岸可談各種包括通商、兩岸直航等議題。（900320） ➤ 台灣與中國大陸關係正常化的第一步，要從經濟貿易正常化開始，因此今年內施政的最大目標，就是要開放對中國大陸的三通。（900325） ➤ 兩岸如果要有交集，應該把有爭議、敏感的政治議題擺在一邊，在經貿、科技發展上分工合作、互補不足。（900426） ➤ 將基於國家安全的前提，依據市場比例與付費原則，與中共當局進行三通議題的談判。（900517） 呂秀蓮： ➤ 兩岸即將加入世貿組織，新政府將全面檢討「戒急用忍」及三通政策。（900321）

議　　題	論　述　內　容
政　治 談　判	陳水扁： ➤ 我們願意以最大的善意與決心，進行全方位、建設性的溝通與對話。（900318） ➤ 未來在台灣國家安全確保的大前提下，依市場、比例、互惠原則，全面檢討僵化不合理的三通政策，未來兩岸可以接觸、協商、談判，包括三通議題、和平協定與軍事互信機制。（900321） ➤ 台灣的兩岸政策是朝和解與對話的方向發展，不要任何的武力衝突，如果大陸堅持台灣是大陸一省的「一個中國」原則，那麼兩岸將很難重開對話。（900410） ➤ 「一個中國」可以作為雙方討論的議題，但如果作為前提，將不利兩岸重啟談判。（900410） ➤ 兩岸因互信不足，及中共沒有太大的誠意與善意，使得兩岸對話機制不是中斷就是停頓，根本不能繼續對談。（900503） ➤ 兩岸對談的三原則：（1）海峽兩岸彼此尊重，接受對等地位；（2）依照聯合國憲章規定，以和平方式解決爭端；（3）對未來可能發展，不預設任何方向。在此三原則下，台灣願意與中共重新開啟對話，在此基礎下，可以簽訂任何協議與和平條約。（900506）
台灣國際 生存空間	陳水扁： ➤ 台灣與美國關係的三個基礎：一、兩國對民主自由普世價值的擁護；二、兩國對台海和平、亞太地區穩定的期待；三、兩國對經貿發展、商業往來的努力。在此基礎上，未來兩國的友誼與實質關係會再提昇。（900426） ➤ 基於亞太地區戰略安全，新政府對美日工作在既有基礎下維持暢通無阻，特別是對美工作，在公開或私下場合的溝通管道，在既有基礎下維持對話並無任何阻礙，他對維持台海安全有信心。（900512） 呂秀蓮： ➤ 外交成就絕不能以邦交國多寡作標準，今後將充分利用民間力量開展我們的柔性外交工作。（900321） ➤ 加入世紀貿易組織與世界衛生組織，猶如加入聯合國的東、西門，而獲得聯合國的同情與支持。（900519）

議 題	論 述 內 容
解決兩岸問題的建議與主張	陳水扁： ➢ 我們也誠摯的歡迎江澤民先生、朱鎔基先生以及汪道涵先生能夠來台灣訪問。阿扁與呂秀蓮也願意在就職之前，前往中國大陸進行和解與溝通之旅。（900318） ➢ 將積極推動兩岸和平高峰會議。（900320） ➢ 我們對美國與中共的貿易關係正常化表示歡迎，正如我們希望見到台海兩岸關係正常化，我們期待中華人民共和國與台灣都進入世界貿易組織。（900323） ➢ 按照現有的機制，海基、海協兩會仍然是兩岸對話的窗口，兩岸必須多接觸、多對話、多協商、多談判。（900323） ➢ 我希望率領一個友好代表團訪問中華人民共和國，我也誠摯希望邀請江澤民主席或朱鎔基總理等中國領袖訪問台灣。（900410） ➢ 只要兩岸都有善意和誠意，雙方的關係一定會更加改善，希望中國能夠接受國際規範，經由自由化、國際化帶來更民主的中國，對台海和平與亞太地區的穩定也將有所幫助。（900411） ➢ 如果兩岸領導人能有富國安邦的共同理念，就是改善兩岸關係的最好交集、共識和基礎。（900507）

綜觀陳水扁在當選總統後所發表的言論，已逐漸替未來執政後的大陸政策建立基調，一方面以柔軟姿態，不刺激中共當局；另一方面堅持自己的主張與立場，不在兩岸關係上讓中共牽著鼻子走。在兩岸定位問題上，也就是「一個中國」原則，陳水扁堅持「台灣是主權獨立國家」，主張自決權不等於宣示台灣獨立，除非大陸以武力犯台，台灣不會片面宣佈獨立，**此時「四不一沒有」的精神與相關論述已逐漸形成**。除此之外，陳水扁總統亦表示，兩岸在對等關係下，只要「一個中國」不是前提、不是一個原則，而是一個議題，雙方就可坐下來談談看，就連邦聯、聯邦或是國

協都有可以討論的空間，但是最後都必須要由台灣二千二百萬人民來共同決定。[5]

　　陳水扁總統的當選，證明台灣人民想法已逐漸在改變，陳水扁表示，「只期待台灣接受北京的要求，以『一個中國原則』為條件進行對話是不合理的，因為連美國與中共對「一個中國」的認知都有不同，台灣內部的看法更是分歧。」[6]。衡量當時的各項民意調查，**大體上有 85％的人認同「台灣是個主權獨立的國家」，國號叫做「中華民國」，願意接受中共「一國兩制」主張的人並不多。**[7]大多數的台灣人民缺乏更改國號的共識，民進黨亦尊重台灣民意的趨向，對兩岸關係定位做適當的調整。民進黨在競選期間，陸續提出**「台灣前途決議文」**[8]、**「跨世紀中國政策白皮書」**[9]以及所謂的**「陳七項」**[10]之後，事實上已逐漸修正台灣的意識型態，並開始認同中華民國，但不放棄「台灣是主權獨立國家」的堅持，一方面向中間選民靠攏；一方面選舉結果也證明，此意識型態的調整可以得到台灣人民的認同。

---

[5] 中國時報，2000 年 4 月 22 日。

[6] 中國時報，2000 年 4 月 12 日。

[7] 以陸委會所做的例行性民意調查為例，對中共以「一國兩制」發展兩岸關係的主張，有 74.3％的民眾表示不贊成，僅有 9.3％的民眾表示贊成。主張廣義維持現狀（包括「維持現狀，看情形再決定獨立或統一」、「維持現狀，以後走向統一」、「維持現狀，以後走向獨立」、「永遠維持現狀」）的民眾仍占絕大多數（82.1％），與歷次調查結果趨勢一致，變化不大。陸委會，〈民眾對當前兩岸關係之看法〉，89 年 4 月 21 日至 4 月 23 日，委託政治大學選舉研究中心電話訪問台灣地區二十歲至六十九歲之成年民眾，共完成 1,085 個有效樣本，在 95％的信賴度下，抽樣誤差在 3％左右。

[8] 〈台灣前途決議文〉，民進黨第八屆第二次全國黨員代表大會制定，1999 年 5 月 8、9 日。

[9] 陳水扁總統競選指揮中心國家藍圖委員會，〈跨世紀中國政策白皮書〉，1999 年 11 月 15 日。〈http://www.mac.gov.tw/big5/mlpolicy/po9104/pp01.htm〉

[10] 在總統大選選舉期間，陳水扁陣營為回應「江八點」五周年，提出〈亞太和平新世紀，兩岸歡喜看未來—陳水扁對於兩岸關係的七項主張〉，2000 年 1 月 30 日。〈http://www.mac.gov.tw/big5/mlpolicy/po9104/pp02.htm〉

二、五二○就職演說

　　陳水扁總統「五二○」的就職演說引起國際矚目，國際各大媒體，包括美國 CNN、紐約時報、華盛頓郵報、英國金融時報以及日本全國性大報等，皆以顯著的專題報導台灣總統的就職典禮與其就職演說。陳水扁總統的「五二○就職演說」，在兩岸關係方面的主要內容有以下幾點：[11]

1、二十世紀的歷史留給人類一個最大的教訓，那就是——戰爭是人類的失敗。不論目的何在、理由多麼冠冕堂皇，戰爭都是對自由、民主、人權最大的傷害。

2、過去一百多年來，中國曾經遭受帝國主義的侵略，留下難以抹滅的歷史傷痕。台灣的命運更加坎坷，曾經先後受到強權的欺凌和殖民政權的統治。如此相同的歷史遭遇，理應為兩岸人民之間的相互諒解，為共同追求自由、民主、人權的決心，奠下厚實的基礎。然而，因為長期的隔離，使得雙方發展出截然不同的政治制度和生活方式，從此阻斷了兩岸人民以同理心互相對待的情誼，甚至因為隔離而造成了對立的圍牆。

3、冷戰已經結束，該是兩岸拋棄舊時代所遺留下來的敵意與對立的時候了。我們無須再等待，因為此刻就是兩岸共創和解時代的新契機。

4、海峽兩岸人民源自於相同的血緣、文化和歷史背景，我們相信雙方的領導人一定有足夠的智慧與創意，秉持民主對等的原則，在既有的基礎之上，以善意營造合作的條件，共同來處理未來「一

---

[11] 〈陳總統五二○就職演說：有關兩岸關係談話內容〉，陸委會網站。
〈http://www.mac.gov.tw/big5/mlpolicy/cb0520.htm〉

個中國」的問題。

5、身為民選的中華民國第十任總統，自當恪遵憲法，維護國家的主
權、尊嚴與安全，確保全體國民的福祉。因此，只要中共無意對
台動武，本人保證在任期之內，不會宣佈獨立，不會更改國號，
不會推動兩國論入憲，不會推動改變現狀的統獨公投，也沒有廢
除國統綱領與國統會的問題。

6、歷史證明，戰爭只會引來更多的仇恨與敵意，絲毫無助於彼此關
係的發展。中國人強調王霸之分，相信行仁政必能使「近者悅、
遠者來」、「遠人不服，則修文德以來之」的道理。這些中國人的
智慧，即使到了下一個世紀，仍然是放諸四海皆準的至理名言。

7、大陸在鄧小平先生與江澤民先生的領導下，創造了經濟開放的奇
蹟；而台灣在半個世紀以來，不僅創造了經濟奇蹟，也締造了民
主的政治奇蹟。在此基礎上，兩岸的政府與人民若能多多交流，
秉持「善意和解、積極合作、永久和平」的原則，尊重人民自由
意志的選擇，排除不必要的種種障礙，海峽兩岸必能為亞太地區
的繁榮與穩定做出重大的貢獻，也必將為全體人類創造更輝煌的
東方文明。

從中共反應與國際輿論觀察，陳水扁總統的就職演說應該沒有讓北京
感到失望，例如：(一)重申不改國號、不宣布獨立、兩國論不入憲、公投
不入憲等「四不」；(二)遵守中華民國憲法，強調中華民國的主權、尊嚴、
安全，而沒有使用台灣主權概念；(三)沒有廢除國統綱領和國統會的必
要。至於中共所說的「一個中國」原則，雖然陳總統沒有明確言及回到
1992 年兩會所達成的所謂「一中共識」，但由於兩岸相關人士對「一個中
國、各自表述」頗有爭議，因此陳總統用**「在既有基礎之上，兩岸共同來**

處理一個中國問題」。已隱含 1992 年兩岸所達成之共識,用「一個中國問題」替代「一個中國原則」,代表新政府的善意,至少在「問題」的概念之下,從原則、立場、前提到條件等都涵蓋在內,可以充分加以討論。

另外,北京所關切的中國人問題,陳水扁總統在演說中也有回應。他提到兩岸具有共同的文化、血緣、歷史背景,可以作為和解的最大基礎,也談到中國人的智慧、中國人的王道精神等等。另外,就職演說指出中國百多年來受到帝國主義的侵略,留下難以磨滅傷痕,並引伸到台灣也因此受到強權的欺凌和殖民主義的統治。這一段話已點出百年來中國人心靈深處的感情,「間接地」認同中國人的民族情感,雖然陳水扁總統沒有直接說出「我是中國人」,但北京應可聽出弦外之音。陳水扁總統在就職演說的最後喊出「台灣人民萬歲」,但事實上,「台灣人」(Taiwanese)和「台灣人民」(People of Taiwan)是兩個不同概念,在「上海公報」和「建交公報」中,華府和北京都使用「台灣人民」這一概念,北京的官方文件及政府領導人聲明中也常用「台灣人民」稱謂,而且還說「統一事業要寄希望於台灣人民」。[12]

陳水扁總統在就職演說中所宣示的「四不一沒有」,有 89.6% 的民眾贊成,僅有 5.2% 的民眾不贊成。有 87.6% 的民眾同意「兩岸的平等地位要先確立,才能有助於我政府與大陸方面進行談判」,也有 76.6% 的民眾同意「兩岸要對國家統一問題進行談判,大陸一定要先民主化」。主張維持現狀的民眾仍占絕大多數(90%),與歷次調查結果趨勢一致。有八成三的民眾認為陳總統就職演說,對大陸展現了善意,並認為中共對我也應有善意的回應。[13]

---

[12] 陳毓鈞,〈兩岸應有「柳暗花明又一村」願景〉,中國時報 2000 年 5 月 21 日。

[13] 陸委會,〈陳總統就職後民眾對當前兩岸關係之看法〉,89 年 5 月 21 日至 5 月 23 日,委託中華徵信所訪問台灣地區二十歲至六十九歲之成年民眾,共完成 1,067 個有效樣

第二節　一中議題與九二共識

一、「一個中國」議題

　　「中國」一詞長久以來就被使用，從「中國」的歷史意涵出發，地理上的「中國」與統治政權所稱的「中國」，兩者概念並不相同。在「中國大陸」這個地理區域內，歷朝歷代曾有許多不同的「國」同時存在，五千年來經歷分裂、征伐、兼併、統一等過程，但歷史上，並無任何一朝代以「中國」為國號，每個政權都非以「中國」為國名，例如唐、宋、元、明、清等朝。同樣地，１９１２年民國創立，將國號改為「中華民國」；１９４９年中共政權建立後，將國號改為「中華人民共和國」，才出現了所謂「一個中國」的問題。[14]

　　過去國民黨政府時期，對「一個中國」概念，有其延續且靈活的解釋，但兩岸在「一個中國」概念的意涵上，卻始終沒有交集，亦難以釐清。在〈國統綱領〉的前言中，開宗明義地表示「海峽兩岸應在理性、和平、對等、互惠的前提下，經過適當時期的坦誠交流、合作、協商，建立民主、自由、均富的共識，共同重建一個統一的中國。基此認識，特制定本綱領，務期海內外全體中國人同心協力，共圖貫徹」[15]。李登輝前總統所提出的「李六條」，第一條便是「在兩岸分治的現實上追求中國統一」，顯示**過去**

本，在 95％的信賴度下，抽樣誤差在 3％左右。

[14] 「一個中國」相關概念的探討，可參考：陳鴻瑜，〈「一個中國」：一個被誤用的概念（上）、（下）〉，聯合早報，1999 年 9 月 6 日、9 月 7 日。〈http://www.future-china.org/links/plcy/1cn_880907.htm〉

[15] 〈國家統一綱領〉，1991 年 2 月 23 日國家統一委員會第三次會議、1991 年 3 月 14 日行政院第 2223 次會議通過。

的國民黨政府，對於「一個中國」並不加以排斥，只是方向與內涵上，與中共所認知的有所差異。

但兩岸政府從１９４９年至今，雙方在政策宣示與文字表述上，從未針對各自所宣稱的「一個中國」達成一致性的共識與簽署協議，因為兩岸至今都無法公開宣示接受對方對於「一個中國」的主張。對外國人而言，並無法清楚分辨中共與台灣的「一個中國」差異何在，國際間很自然地將「一個中國」等同於「一個中華人民共和國」。特別在美國總統柯林頓１９９８年六月在上海提出的「三不政策」：不支持台獨、不支持一中一台及兩個中國、不支持台灣加入聯合國等主權國家參加的國際組織後，使台灣在國際間的地位更形不利。[16]

因此民進黨執政之後，一改過去國民黨時期的詮釋方式，希望重新檢討「一個中國」。筆者針對「一個中國原則」、「兩岸政治定位」與「未來方向」三個議題，就中共、國民黨政府、民進黨政府與美國政府之認知與立場，做概略性整理與比較，請見 3-2 表。

表 3-2、「一中」議題認知對照表[17]

	中共官方	國民黨政府	民進黨政府	美國政府
一個中國原則	➤三段論：世界上只有一個中國，台灣是中國的一部分，中國的主權和領土完整不容分割。	➤「一個中國」應指一九一二年成立迄今之中華民國，其主權及於整個中國。目前治權僅及於臺澎	➤在既有的基礎之上，以善意營造合作的條件，共同來處理未來「一個中國」的問題。	美國承認中國的立場，即只有一個中國，台灣是中國的一部分。（1979 年中美建交公報）

---

[16] 林正義，〈柯江第二次高峰會及其對台灣的影響〉，《國策期刊》，Vol.3，1998 年 8 月 10 日。

[17] 資料來源：各官方文件與媒體報導，由筆者自行整理。

[18] 〈關於「一個中國」的涵義〉，國家統一委員會第八次會議通過，1992 年 8 月 1 日。

則	➢近來中共將第二句改為「台灣與大陸同屬中國的一部份」	金馬。 ➢台灣固為中國之一部分，但大陸亦為中國之一部分。（1992 年 8 月，關於「一個中國」的涵義）[18]	（2000 年「五二〇就職演說」）	
兩岸政治定位	➢堅決反對主張「分裂分治」、「階段性兩個中國」。（1995 年江八點）	➢民國三十八年以後迄今，中國處於暫時分治的狀態，由「兩個對等政治實體」分治兩岸。（1995 年 5 月李六條） ➢1999 年 7 月，李登輝總統提出「特殊國與國關係」。	➢台灣是主權獨立的國家。（1999 年 7 月「台灣前途決議文」） ➢2002 年 8 月，陳水扁總統提出「一邊一國」。	➢美國承認中華人民共和國政府是中國的唯一合法政府，在此範圍內，美國人將同台灣人民保持文化、商務和其他非官關係。（1979 年中美建交公報）
未來方向	➢進行海峽兩岸和平統一談判，名義、地點、方式等問題可議。（1995 年江八點）	「國家統一綱領」擬定近程、中程、遠程三階段，循序漸進，期望兩岸能逐步融合，進而邁向統一的中國。（1994 年「國統綱領」）	➢不預設立場，將台灣前途交給全體台灣人民決定。（1999 年 7 月「台灣前途決議文」）	➢堅持台海問題應以和平方式解決。（1979 年「台灣關係法」）

　　若比較國民黨政府與民進黨執政後，對於「一個中國原則」的立場，很顯然地，民進黨政府對國民黨政府的大陸政策與宣示是加以否定的。雖然陳水扁總統在「五二〇就職」演說中宣示「四不一沒有」，表明「沒有廢除國統綱領的問題」，但根據表 3-2 的整理，我們可以發現，**國民黨政府與中共官方，由於在未來方向上的一致性頗高，因此可以擱置「一個中**

國原則」與「兩岸政治定位」方面的歧見，先就事務性議題進行對話協商；但民進黨政府在「一個中國」議題上的相關論述，與中共官方立場可說是完全沒有交集，且民進黨本身就「一個中國」或「未來一個中國」議題，亦缺乏完整的主張或論述，僅堅守「台灣未來前途，必須交由台灣人民自決」，以對抗中共方面的統一口徑。

二、「九二共識」與「九二精神」

（一）「九二共識」爭議

民進黨執政後，對於「九二共識」持保留，甚至否定的態度，認為1992年兩岸對於「一個中國」原則並無共識，如果有共識，祇能視為擱置政治爭議，恢復對話交流的「九二精神」；但國民黨方面則是主張「各自以口頭聲明的方式表述一個中國原則」；中共卻說兩會在1992年達成的是「海峽兩岸均堅持一個中國原則」的共識。在眾說紛紜，且似乎各朝有利於自己，或主觀願望的方向去詮釋九二年共識的情況下，究竟1992年的共識為何？似乎已經沒有一個標準答案了。三方說法的差異，請參見下表的整理比較。

表3-3、究竟九二年是否存在共識？[19]

	中共政府	國民黨政府	民進黨政府
論述內容	➤ 1992年達成的是「海峽兩岸均堅持一個中國原則」的共識。 ➤ 兩岸政府皆致力於追求統一。	➤ 各自以口頭聲明的方式表述一個中國原則。	➤ 九二年根本沒有共識，如果有，祇能視為擱置政治爭議，恢復對話交流的「九二精神」。

[19] 資料來源：筆者自行整理

　　引起爭議之「九二共識」，或稱「九二精神」，根據台灣方面最權威的當事者—海基會董事長辜振甫先生，在「辜汪會談」十週年時的說法[20]，１９９２年十月二十八日海基會與海協會在香港會談時，關於「一個中國」所意味的內容，雙方基本認識相異，討論不出結果，到了十月三十日，我方提出「各自表述」，亦即**「各自對於問題用口頭來說明各自立場」**，海協會對此表示同意並予尊重。基於前項精神，１９９３年四月「辜汪會談」才得以在新加坡舉行，並簽署四項協議，且嗣後兩會多次協商均未再為此問題所牽絆。

　　究竟兩岸在１９９２年有無獲致共識？若有共識，共識為何？海基會辜振甫董事長表示，當年兩岸有達成「口頭上各表一中的九二共識」。[21]但海基會副秘書長許惠佑卻表示：當年的結論是「大家同意各自有不一樣的說法」。對於「一個中國」表述的問題，如有共識，應是**「各說各話的共識」**，是**「沒有共識的共識」**[22]，甚至表示**「根本沒有九二共識」**，[23]令人霧裡看花，越看越摸不著頭緒。首先我們見諸兩岸當年協商「一個中國」問題的經過。

表3-4、１９９２年兩岸兩會協商「一個中國」問題經過[24]

時間	提出單位	內涵
1992年	海協會	➤ 海協會主談代表周寧提出大陸方面五項方案，最

---

[20] 〈辜振甫：九二共識應改稱相互諒解〉，中國時報，2003年4月17日。

[21] 〈辜振甫：九二共識即一中各表〉，聯合報，2001年11月7日。

[22] 〈許惠祐澄清92年兩會一個中國表述問題說法〉，中央社，2000年10月19日。

[23] 海基會秘書長許惠祐表示，根本就沒有「九二共識」這個東西，九二共識是前陸委會主委蘇起在2000年的新發明，很多政治人物不先搞清楚什麼是九二共識，就逼新政府承認九二共識，他感到非常不可思議。自由時報，2001年11月6日。

[24] 資料來源：李銘義，〈九二共識與一個中國議題之研析〉，《共黨問題研究》，2001年6月號。

10月28日		有代表性方案是：「在海峽兩岸共同努力謀求國家統一的過程中，雙方均堅持一個中國的原則，對兩岸公證文書使用（或其他商談事務）加以妥善解決。」
1992年 10月28日	海基會	➢ 海協會主談代表周寧提出大陸方面五項方案後，海基會主談代表許惠祐亦提出五項表述方案，最有代表性方案是：「鑑於海峽兩岸長期處於分裂狀態，在兩岸共同謀求國家統一的過程中，雙方咸認為必須就文書查證（或其他商談事項）加以妥善解決。」
1992年 10月30日	海基會	➢ 海基會整合雙方之表述方案，提出新的對案：「在海峽兩岸共同努力謀求國家統一的過程中，雙方雖均堅持一個中國的原則，但對於一個中國的涵義，認知各有不同。惟鑑於兩岸民間交流日益頻繁，為保障兩岸人民權益，對於文書查證，應加以妥善解決。」但海協會代表當時並未接受。 ➢ 陸委會鑑於兩岸對「一個中國」問題難有共識，所以授權談判線上的海基會代表，提出以各自口頭表述的方式，解決問題。
11月1日	海協會	➢ 參與香港會談的大陸代表於 11 月 1 日離開香港，中止了協議。
11月2日	中共新華社	➢ 中共即透過官方新華社發布新聞，表示「願意尊重兩會各自採用口頭聲明的方式表述一個中國原則，並建議就表述的具體內容另行協商。」
11月3日	海基會	➢ 致函海協會，對建議各自以口頭聲明方式表述一個中國原則方案，正式通知海協會：「以口頭聲明方式各自表述。」
11月3日	海協會	➢ 海協會副秘書長孫亞夫電告海基會秘書長陳榮傑：「在這次工作性商談中，貴會建議貴我兩會各自以口頭聲明方式表述一個中國原則，我們經研究後，尊重並接受貴會的建議。口頭表述的具體內容，另行協商。」
11月3日	海基會	➢ 海基會在十一月三日發佈新聞稿表示，「海協會在這次香港會談中，對『一個中國』原則一再堅持應有所表述，本會須徵求文管機關同意，以口

		頭聲明方式各自表達，可以接受。至於口頭聲明的具體內容，我方將根據『國家統一綱領』及國家統一委員會對『一個中國』涵義所作決議表達」。
11 月 5 日	海基會	➢ 而海基會代表則停留到 11 月 5 日，見海協會無意繼續協商後，才離港返台。
11 月 16 日	海協會	➢ 海協會致函海基會：「在香港會談中，海基會代表建議，採用『兩會各自口頭聲明的方式表述一個中國原則』，並提出具體表述內容，其中明確了海峽兩岸均堅持一個中國的原則。11 月 3 日貴會正式通知我會，表示已徵得台灣有關方面的同意，以『口頭聲明的方式各自表達』」。海協會口頭表述的要點通告海基會如下：「海峽兩岸都堅持一個中國的原則，努力謀求國家的統一，但在海峽兩岸事務性商談中，不涉及『一個中國』的政治涵義，本此精神，對公證書使用（或其他商談事務）加以妥善解決。
12 月 3 日	海基會	➢ 海基會致函海協會，函覆對方指：「兩岸對『一個中國』之涵義，認知顯有不同。我方為謀求問題之解決，爰建議以口頭各自說明。」

　　１９９２年八月，兩岸在進行「兩岸文書查證」及「兩岸掛號信函查詢補償」等事務性協商時，「因大陸方面提出「一個中國」的問題，未能達成共識，氣氛及時機均有所不宜，致使會談之舉行延宕甚久。直至十一月，雙方同意『一個中國原則』由兩會各自採用口頭方式表述後，本會始積極考慮此項會談之舉行。」[25]

　　海基會在十月三十日的口頭表述方案中表示，「在海峽兩岸共同努力謀求國家統一的過程中，雙方雖均堅持一個中國的原則，但對於一個中國

---

[25] 海基會網站，〈第一次辜汪會談〉。〈http://www.sef.org.tw/www/html/koo2.htm〉

的涵義，認識各有不同。惟鑒於兩岸民間交流日益頻繁，為保障兩岸人民權益，對於文書查證，應加以妥善解決。」因此在１９９２年十一月十六日海協會回覆海基會的公函中，中共方面認為「海峽兩岸都堅持一個中國的原則，努力謀求國家的統一。但在海峽兩岸事務性商談中，不涉及『一個中國』的政治含義。」[26]，很顯然地，兩岸對「一個中國」的政治含義問題採取「擱置爭議」，是１９９３年新加坡辜汪會談得以順利展開的重要基礎，**因此將「九二共識」說是「擱置爭議，以利交流對話」的「九二精神」，並無脫離當時的情境與背景。**

（二）以「九二精神」取代「九二共識」

從１９９２年的談判過程觀之，兩岸是有共識的，但民進黨政府執政後，對「九二共識」時而承認、時而否認的作法，使中共覺得民進黨政府缺乏改善兩岸關係之誠意。加上李登輝總統「兩國論」的表述，使北京政府拒絕以「一個中國，各自表述」概括當時共識。民進黨與陳水扁總統從國民黨政府時期的**「口頭上各表一中的九二共識」**，轉變為刻意迴避一中，強調**「擱置爭議、儘速恢復對話的九二精神」**。中共官方則忽視「事務性談判不涉及政治含意」的諒解部分，凸顯當年兩會達成各自以口頭方式表述「海峽兩岸均堅持一個中國原則」共識的情況，試圖逼迫民進黨政府將意識型態與國家定位轉向統一。[27]

民進黨政府認為根本沒有「九二共識」，充其量只有「九二精神」，兩

---

[26] 〈海協會有關繼續進行海峽兩岸公證書使用問題商談的函件〉，1992 年 11 月 16 日。
〈http://gptaiwan.org.tw/~cylin/China/1992-consensus/1992_11_16.htm〉

[27] 〈海協詳述「九二共識」〉，文匯報，2000 年 11 月 30 日。
〈http://gptaiwan.org.tw/~cylin/China/1992-consensus/2000_11_30.htm〉

岸無論是在功能性、事務性議題，或是政治定位議題，倘若以接受「一個中國原則」與「九二共識」為前提，則復談將成為不戰先降，自縛手腳，甚至將接受「九二共識」與中華民國生死存亡劃上等號。[28]在此邏輯下，民進黨政府雖然宣示「沒有廢除國統會的問題」，但卻將國統會打入冷宮、形同虛設，無法發揮任何作用，另設置**跨黨派小組**取代其地位，削弱國統會的功能與象徵意義。[29]

綜上所述，如同前陸委會主委蘇起指出，「九二共識」是以模糊性的概念讓各方解釋都有交集，如果沒有「九二共識」就沒有兩岸在１９９２年至１９９５年期間的和解、談判。[30]李遠哲在跨黨派小組首次會議上的談話亦言：「在尊重台灣兩千三百萬人民的國際尊嚴與根本利益的前提下，我們應該回到１９９２年『各自以口頭聲明的方式表述一個中國原則』的共識，承認在此共識下達成的協議與結論，並在既有基礎上恢復協商」[31]。

過去國民黨政府在戰略上模糊化「一個中國」，以「互不否認對方」來為雙方保留必要的迴旋空間，而戰術上透過「各自表述」，以達到擱置爭議的目的。中共當局亦展露部分彈性，把「台灣是中國的一部分」說法，改成「台灣與大陸同屬一個中國」。民進黨政府上台後，堅持「一個中國

---

[28] 見諸陳水扁總統在民進黨舉辦的造勢大會上表示，「九二共識就是要消滅中華民國、吞併台灣」，要台灣民眾「不能袖手旁觀，為了國格和尊嚴，不能接受一個中國原則和九二共識」。中央社，2001 年 10 月 21 日。

[29] 跨黨派小組由中央研究院院長李遠哲擔任召集人，成員另包括：白光勝、朱惠良、沈君山、吳豐山、吳東昇、明居正、林明成、林濁水、林子儀、范光群、洪冬桂、梁丹丰、陳添枝、曹興誠、黃崑虎、黃昭元、曾貴海、趙永清、蔡同榮、蕭新煌、顏建發、沈富雄等共二十三人。

[30] 中央社，2001 年 11 月 6 日。

[31] 〈李遠哲在跨黨派小組首次會議談話全文〉，中國時報，2000 年 9 月 2 日。

是議題」，重炒使十年前兩岸早已妥協的「議題」，使兩岸關係的進程不啻倒退十年。[32]從此面向觀之，**「九二精神」不僅沒有「擱置爭議」，反不利兩岸交流及對話協商。**

第三節 兩岸統合論

陳水扁總統在二十世紀的最後一天發表元旦祝詞，並向全民祝賀新年，表達出對兩岸關係的樂觀期待與積極善意。陳總統指出：「兩岸原是一家人，也有共存共榮的共同目標，既然希望生活在一個共同屋簷下，就更應該要相互體諒、相互提攜。」他並呼籲中共領導人「從兩岸經貿與文化的統合開始著手，逐步建立兩岸之間的信任，進而共同尋求兩岸永久和平、政治統合的新架構」。[33]

此項願景的提出，對於兩岸在政治關係上應朝向更形分離或趨向融合的方向前進，有其重大意義。正如陳總統所強調的，統合問題必須與維持兩岸和平以及共存共榮相聯結。事實上，就台灣全體人民的長遠福祉而言，政治統合與否主要並非為了統合而統合，而應將其理解為促進兩岸民主、繁榮、和平、穩定的必要手段，這比統合本身作為目的來說更為重要。

因此本章節擬就民進黨執政後，所引發之兩岸統合相關議題，從「經貿文化」上的統合，延伸至兩岸在「政治統合」上的討論，包括**「金馬小三通」**、**「兩岸三通與直航問題」**，以及**「兩岸可能之政治統合模式」**，並評估其發展與影響。

---

[32] 蘇起，〈兩岸又開啟一扇機會之窗〉，中央日報，91 年 2 月 25 日，十一版。

[33] 〈總統發表跨世紀談話〉，陸委會網站，2000 年 12 月 31 日。
〈http://www.mac.gov.tw/big5/mlpolicy/ch9001.htm〉

一、兩岸經貿文化統合

（一）金馬開放「小三通」

　　兩岸經過長久的分離對立，但自民國七十六年政府開放民眾赴大陸探親以來，海峽兩岸各項民間交流進展相當快速，也愈趨熱絡頻繁。儘管大陸方面一再呼籲早日實現兩岸直接「三通」（通郵、通航及通商），但我政府基於整體國家安全利益考量，對中國大陸直接「三通」的呼籲採取十分負面的回應，且向國人一再說明，兩岸直接「三通」牽涉問題至為複雜，必須在確保國家安全、尊嚴、以至全民福祉的前提下始能進行。[34]

　　長期以來，中央政府對台灣本島以外離島（包括蘭嶼、綠島、澎湖群島、金門、馬祖、烏坵等）之基本民生建設重視不夠。離島居民，不論是在醫療、水、電、衛生、交通、教育各方面的生活品質皆遠遜台灣本島居民，造成離島人口之不斷大量外流，嚴重影響地方建設與發展。

　　1992年三月，大陸福建省提出**「兩門（廈門和金門）對開，兩馬（馬尾港和馬祖）先行」**的「小三通」構想，在馬尾、廈門、湄洲灣興建供兩岸直航的專用碼頭；在廈門、金門兩島間鋪設海底電纜；另計劃准許赴大陸台胞在福州、廈門兩機場辦落地簽證。金門地方人士亦於1992年六月提出「金門與大陸小三通說帖」，其中建議兩岸「小三通」可以用「單向直航」、「定點直航」、「先海後空」、「先貨後人」等方式進行，並且建議政府考慮讓金門對廈門、馬祖對馬尾進行載運旅客、貨物或郵件進行直航。[35]

　　1994年一月，大陸片面實施「關於對台灣地區小額貿易的管理辦

---

[34] 兩岸「小三通」推動方案執行計畫，行政院陸委會，2000年12月26日。
〈http://www.mac.gov.tw/big5/economy/em0103.doc〉
[35] 蔡宏明，〈小三通的定位與經濟安全問題〉，戰略與國際研究所，和平論壇網站，2000年7月。〈http://www.dsis.org.tw/peaceforum/symposium/2000-07/CSR0007001.htm〉

法」，並將之定位為「非官方的直接貿易與經濟交流，以彌補兩岸間接貿易」。1998年五月，中國大陸國務院、中央軍委批准在大嶝島（廈門離金門最近的島嶼之一）設立對台小額商品交易市場，金、馬地區與大陸東南沿海地區之民間貿易日趨頻繁，所謂的兩岸「暗通」也大肆展開。[36]陳水扁在競選總統期間，曾在金門表示時，金門在「三通」的議題上不能缺席，應扮演積極的角色；並建議兩岸「小三通」可以用**「單向直航」**、**「定點直航」**、**「先海後空」**、**「先貨後客」**的原則。兩岸可以在中國大陸的圍頭、沙波尾等漁港，先成立「金廈魚貨交易中心」或「金廈一般日用商品交易中心」，把已經存在的交易納入管理，避免走私氾濫。[37]甚至承諾用完全免稅的方式將金門發展成海上觀光樂園與購物天堂，並發展兩岸航運。[38]

2000年三月二十一日，立法院立法通過的「離島建設條例」，當中第十八條規定，「為促進離島發展，在台灣本島與大陸地區全面通航之前，得先行試辦金門、馬祖、澎湖地區與大陸地區通航」，為金門、馬祖、澎湖與大陸地區通航（通稱小三通），為解除兩岸人民關係條例的限制，提供法源依據。[39]就法制角度而言，「離島建設條例」第十八條有行政裁量權的空間，對政府並無強制力，換言之，立法院並無規定行政部門有必須開辦小三通的「義務」，而僅是「容許」行政部門有自行裁量是否實施政策的「選項」。但該條例已藉由立法機制反映出社會大眾對小三通的接受

---

[36] 宋燕輝，〈「離島建設條例」與兩岸漁業〉，《漁業推廣月刊》，一六六期，2000 年 7 月。

[37] 宋燕輝，〈初探新政府如何處理「小三通」問題？〉，《漁友》，2000 年 5 月號。

[38] 姜新立，〈評析陳水扁總統競選期間的「中國政策」〉，遠景季刊第一卷第二期，2000 年 4 月。

[39] 〈離島建設條例〉，2000 年 3 月 21 日立法院制定全文二十條，4 月 5 日總統公布施行。2002 年 1 月 17 日修正四條增訂二條，2 月 6 日公布。〈http://lyfw.ly.gov.tw/law/01235.big〉

度，因此提供「小三通」政策進一步合理化與合法化的途徑，基於安定政局之考量，行政院決定不提覆議案。因此，「離島建設條例」經總統於2000年四月五日公布之後正式施行。

民進黨政府於2001年元月一日起開放金門、馬祖地區與大陸進行「小三通」，其範圍主要是船舶航運、商品貨物、人員、資金的往來。「小三通」事實上是在主觀與客觀形勢共同配合下，順勢而為的政策選擇。**由於兩岸在「一個中國」問題上，始終未達成共識與交集，匆促上路的結果，「小三通」充斥著「急就章」、「趕鴨子上架」情況，民進黨以「小三通」作為緩解兩岸關係的政策工具，宣示性意義大於其他實質意義。**[40]

自2001年元月實施以來，「小三通」是民進黨政府在國外重點宣傳的項目。但實際成效並不佳。充分顯示小三通成效有限，以及中共方面對「小三通」的不配合。至於小三通的貨物貿易，全年僅 2600 萬元，相較於政府硬體建設的投資及派駐單位與工作人員，幾無效益可言，不僅沒有達到「走私除罪化」的目標，連原先聲稱「操之在己」，最後也變成「操之在人」。不論是「邊區貿易除罪化」，或是「發展離島經濟」，更遑論「改善兩岸關係」，現行的「小三通」皆未發揮作用，顯示此一體制已陷入結構性困境。[41]

根據行政院陸委會的統計資料顯示，自2001年元月到2003年三月底，金馬「小三通」兩岸往來船舶僅有 1108 航次。在人員往來方面，我方目前為止，經由「小三通」途徑前往大陸福廈地區有 5 萬 8958 人，平均每月為 2183 人次。而大陸透過小三通途赴金馬地區者，至今 2878 人

---

[40] 〈小三通政策檢視系列報導—系列二〉，自由時報，89 年 12 月 25 日。
〈http://www.libertytimes.com.tw/2001/new/jan/1/r-pass2.htm〉

[41] 〈小三通該檢討調整了〉，聯合報社論，2001/5/29

（請參照表 3-6、3-7）。[42]

表 3-6、金馬「小三通」航運往來統計表

月份	我方船舶		大陸船舶	
	金門-廈門	馬祖-福州	廈門-金門	福州-馬祖
90 年度	83	54	34	11
91 年度	288	147	116	42
92 年 1 月	47(1 貨船)	31(12 貨船)	32(23 客船；9 砂石船)	0
2 月	39(2 貨船)	20(1 貨船)	43(39 客船；4 砂石船)	1(1 客船)
3 月	37	40(23 貨船)	43(27 客船；16 砂石船)	0
小計	494	292	268	54
合計	786		322	
總航次	雙方航運往來 1108 次			

說明：資料統計時間截至民國九十二年三月三十一日。

製表：行政院大陸委員會

註：本表內船舶往返統計，金門-廈門航線，包含金門往返泉州港(3 艘客船、23 艘砂石貨船)、漳州港(59 艘砂石貨船)、大
嶝港(57 艘小貨船、4 艘砂石貨船)、湄州港(2 艘客船)、圓頭港(1 艘小貨船、1 砂石貨船)、峯德港(1 艘砂石貨船)、福
州港(1 艘砂石貨船)；馬祖-福州航線，含馬祖往返漳州港(4 艘砂石貨船)、峯德港(1 艘砂石貨船)、廈門港(2 艘砂石貨
船)、黃崎港(138 小貨船，1 艘砂石貨船)

表 3-7、金馬「小三通」人員往來統計表（單位：人次）

月份	我方人民(以出境人數計)		大陸人民(以入境人數計)	
	金門-廈門	馬祖-福州	廈門-金門	福州-馬祖
90 年度	9,738	1,991	951	90
91 年度	26,151	1,936	1,039	319
92 年 1 月	3,664	201	87(廈門商展 87 人)	38(返鄉探親 38 人)
2 月	8,018(台商及眷屬返台 3236 人)	308(含台商及眷屬返台 96 人)	58(大北京中國交響樂團合唱團 47 人，大陸學者專家赴金參加研討會 11 人)	138(大陸連江閩劇團 63 人，返鄉探親 75 人)
3 月	6,728	223	42(福建省圖書發行協會 20 人，漳州市金門同胞聯誼會 22 人)	116(返鄉探親 116 人)
小計	54,299	4,659	2,177	701
合計	58,958		2,878	
總航次	雙方人員往來 61,836 次			

說明：1.資料統計時間截至民國九十二年三月三十一日

2.內政部境管局專案核准設籍台灣本島居民經金門馬祖進入大陸地區總計 11412 件次。

3.內政部境管局已核發申請一年多次金馬專用入出境之台商計有 16702 件。

製表：行政院大陸委員會。

[42] 資料來源，〈金馬小三通通船人員往來統計表〉，陸委會，2003 年 3 月。
〈http://www.mac.gov.tw/big5/statistic/ass_em/3link9203.htm〉

從報章媒體的報導，以及筆者曾造訪金門料羅灣的親身體會，**當地民眾對「小三通」的成效並不甚滿意，覺得「小三通有『通』之名，卻無『通』之實」**。由於「小三通」目前僅允許金馬當地人民，且必須辦理證件（金馬專用入出境證）才能通行，台灣本島與大陸之間仍需透過其他地區才能往來，加上許多其他的相關配套措施，皆因準備不夠完善，導致當地居民對小三通普遍持批評否定態度。

（二）兩岸三通與直航問題

「三通」是指「通郵」（包括電信等資訊網路）、「通商」與「通航」。「通郵」是兩岸的信件、電話等資訊交換；「通商」是兩岸的貿易往來；「通航」則是飛機和船可以直接航行於兩岸之間，不需透過第三地轉機。簡言之，就是兩岸的資訊、貨物與人員可以自由地進行交流。

1、兩岸三通之限制

在現行台灣禁止兩岸三通之政策與法令規定之下，除「通郵」之外，擅自違反展開交流者，將受到刑事處罰或行政罰，臚列如下。[43]

（1）在通航方面：

根據「台灣地區與大陸地區人民關係條例」（或簡稱「兩岸關係條例」）規定，我方船舶、航空器及其他運輸工具，未經許可，直航大陸地區者，規定可處三年以下有期徒刑。大陸船舶等運輸工具，未經許可，進入我方限制、禁止水域者，主管機關得採取防衛處置或驅離、扣留人船等措施。

---

[43] 謝福源，〈小三通除罪化政策考量之探討〉，戰略與國際研究所，和平論壇網站，2000年7月。
〈http://www.dsis.org.tw/peaceforum/symposium/2000-07/CSR0007003.htm〉

（2）人員往來方面：

根據「國家安全法」規定，人民出入境未經申請許可者，可處三年以下有期徒刑。「兩岸關係條例」中規定，台灣地區人民進入大陸地區應向主管機關申請許可，違反者，處罰鍰。大陸地區人民進入台灣地區亦應申請許可，違反者，依前述國安法論處偷渡罪責。

（3）在貨物往來方面：

根據「懲治走私條例」規定，自大陸地區私運物品進入台灣地區，或自台灣地區私運物品前往大陸地區者，以私運物品進口、出口論，適用該條例規定處斷。私運管制物品進口、出口逾公告數額者，可處七年以下有期徒刑；以私運未逾公告數額之管制物品或應稅物品進口、出口為常業者，可處三年以下有期徒刑。依行政院所公告本條例管制物品項目及數額之丙項與丁項， 私運匪偽物品，其總額由海關照緝獲之完稅價格計算，超過新台幣十萬元者；或自淪陷區私運物品進入本國自由地區，或自本國自由地區私運物品前往淪陷區，其總額由海關比照緝獲時之完稅價格計算，超過新台幣十萬元或重量達一千公斤者，以管制物品論。兩岸條例亦規定，輸入或攜帶進入台灣地區之大陸地區物品，以進口論，其檢驗、檢疫、管理、關稅等稅捐之徵收及處理等，依輸入物品有關法令之規定辦理。

（4）在通商方面：

「兩岸關係條例」對兩岸間之貿易及商業行為係採許可制，僅能以「間接貿易」之方式為之，違反者，處罰鍰。

2、開放大陸人士來台觀光

依據經發會關於「積極推動大陸地區人民來台觀光」之決議，民進黨

政府在執政後亦積極推動相關措施。希望能增進大陸地區人民對台灣之認識與了解，促進兩岸關係之良性互動，並擴大台灣觀光旅遊市場之利基，促進關聯產業之加速發展。初步評估以旅居海外的大陸人士為主要試辦對象，採「**循序漸進**」、「**團進團出**」與「**配額管理**」原則，初期每日開放一千人，開放類別分為三類，：[44]

第一類開放對象：經香港、澳門來台灣地區觀光之大陸地區人民。

第二類開放對象：赴國外旅遊或商務考察轉來台灣地區觀光之大陸地區人民。

第三類開放對象：赴國外留學或旅居國外取得當地永久居留權之大陸地區人民。

根據陸委會所公布的「開放大陸人民來台觀光政策」民意調查結果，有 64%的受訪者贊成在適當時候開放大陸人士來台觀光，但也有約 19%的人表態反對。66%以上受訪民眾看好未來開放的成果，但如果政府未經協商或安排就自行開放大陸人士來台觀光，則有 65%的民眾對開放成果不看好。[45]

3、春節包機直航

面對兩岸政經相互矛盾的現象，使兩岸直接三通經常被雙方賦與不同的政經考量，在台灣追求經濟繁榮和生存發展的目標中，兩岸無法直航已經成為極大的窒礙，兩岸直航已非單純的經濟議題，而是涉及到極為複雜

---

[44] 〈開放大陸地區人民來台觀光推動方案〉，陸委會會同內政部、交通部完成，經提報 2001 年 11 月 23 日送行政院院會通過。自 2002 年 1 月 1 日起開始局部試辦。

[45] 此項民意調查委託中華徵信所進行，時間從 2001 年 6 月 27 日到 28 日，以電話訪問台灣地區 20 歲到 69 歲的成年民眾，共完成 1067 個有效樣本，在 95%的信賴度下，抽樣誤差在 3%左右。中央社，2001 年 7 月 5 日

的政治考量。雖然民進黨執政之後，陳總統多次表達推動兩岸三通的意願，但由於三通談判的政治前提與條件，使兩岸始終找不到共識與交集。

中共副總理錢其琛在２００２年一月呼籲，新的一年應「爭取實現兩岸直接『三通』」。並提議「由兩岸民間行業組織就通航問題進行協商。」[46]同年五月九日，陳水扁總統在金門大膽島表示，「兩岸關係正常化必須從經貿關係正常化開始做起，兩岸必須重　協商大門，兩岸三通是必須要走的路」，以及「兩岸直航必須秉持民主、對等、和平三原則，與不能矮化、地方化、邊緣化的三不政策」。[47]十日，陳水扁總統說：「三通可以考慮透過民間、委託民間協助推動兩岸通航談判事宜」。[48]

在一項民意調查中顯示，有 72%的人認為民進黨政府能夠實現「三通」。[49]２００２年五月二十一日，中共國務院台辦主任陳雲林答記者問時表示，「實現兩岸直接三通已獲得大多數臺灣民眾的贊同和擁護。台灣當局領導人也明確表示了支援的態度。我們希望台灣當局這一次不再是那種說一套做一套的選舉招數」。[50]２００２年八月下旬，陳總統在「大溪會議」所做十項結論中的第二點指出，「行政院應立即就如何落實兩岸直航進行評估規劃，俟談判完成便可付諸實施」，並表示「可考慮委託民間參與兩岸三通談判事務」。[51]

在大溪會議召開之後所做的民意調查，有 72.3%的民眾認為應「有條

---

[46] 人民日報，2002 年 1 月 25 日。

[47] 〈陳總統：三通是必走的路〉，自由時報，2002 年 5 月 9 日。

[48] 自由時報，2002 年 5 月 11 日

[49] 中央日報，2002 年 5 月 11 日。

[50] 人民日報，2002 年 5 月 22 日。

[51] 〈大溪會議達成十項結論 陳總統裁示 應即規劃落實兩岸直航〉，中國時報，2002 年 8 月 26 日。

件開放直航」（即在國家安全、尊嚴、對等的條件下），只有 8.5%的民眾
認為應「無條件開放」。有 63.9%的民眾贊同「基於國家安全的考量，兩
岸通航應採取逐步開放方式」的說法，僅有 15.7%不贊成。[52]台灣民眾對
於兩岸交流開放速度的看法，認為太慢的比例始終維持在約二成左右，認
為太快則由 15%左右，攀升至 20%上下，其歷年變化，請參考圖 3-1：

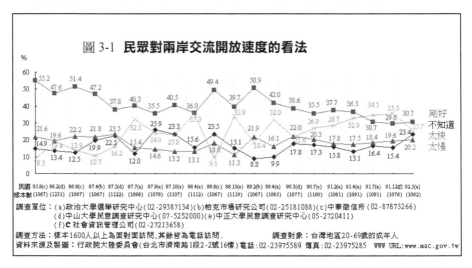

圖 3-1 **民眾對兩岸交流開放速度的看法**

２００２年十一月十二日，行政院宣布，准許台灣民航業者申請以降
落港澳、單向間接包機方式在春節期間載運大陸台商返鄉之後，北京的態
度有亦所轉變，表態配合推動兩岸包機間接直航，並且協助大陸台商透過
金馬小三通的管道返鄉。總計六家台灣航空業者，包括遠東、華航、華信、
復興、長榮與立榮獲兩岸民航主管機關核准，在春節前後合計飛航十六班
次，其中遠東航空公司申請往返各三班次，其餘各航空公司申請往返各一

---

[52] 〈民眾對兩岸經貿政策的看法〉，陸委會民意調查，2002 年 10 月 21 至 10 月 22 日。

班次。包機價格平均每人來回票價約新台幣一萬五千元至一萬六千元,實際往返共有 2462 人次之台商及眷屬於春節前搭乘包機返鄉過年,並於春節後再搭乘包機前往大陸,平均載客率約為六九‧二%。[53]

2003 年一月二十六日,首架春節包機華航 CI585 班機凌晨 4 時自中正機場起飛經香港飛往上海,上午 8 時 52 分降落上海浦東機場,上午 11 時 18 分載著二百四十三名大陸台商、眷屬以及海基會相關官員自浦東機場起飛經香港飛回中正機場,為兩岸直航跨出新的里程碑。行政院大陸委員會企劃處長詹志宏以「海基會副秘書長」的身份隨同包機迎接台商,但是在包機降落後卻因協調海基會隨行人員入境證問題,未步下機艙。這是台海兩岸斷航五十四年以來,首架中華民國國籍的民航客機降落在中國大陸管轄的機場,深具歷史意義,為將來實現「兩岸直航」保持常態性的良好互動。[54]

(三)兩岸經濟合作機制

隨著兩岸經貿關係的快速發展,和世界區域經濟一體化浪潮,自１９８０年代末期,海峽兩岸及海外學術界即對兩岸經濟合作機制或模式進行探討。在兩岸先後加入世界貿易組織(ＷＴＯ)之後,更是進一步發展兩岸關係的新契機,主觀上認為兩岸先後加入ＷＴＯ,將有助於兩岸未來經貿關係正常發展並不為過。[55]在經濟全球化的結構性趨勢與大陸經濟發展

---

[53] 〈「大陸台商春節返鄉專案」辦理情形說明〉,陸委會記者會新聞參考資料,2002 年 2 月 24 日。

[54] 中國時報,2003 年 1 月 26 日。

[55] 相關論述可參考:周繼祥,〈加入 WTO 後的兩岸關係〉,《第十一屆海峽兩岸關係學術研討會》,全國台灣研究會、中國全國台灣同胞聯誼會、中國社會社學院台灣研究所主辦,2002 年 7 月 9 日至 11 日。

持續成長之下，兩岸對彼此的經濟互賴愈益深化。經濟上的互利，可能會為政治統合創造出需要與機會。

中共副總理錢其琛在紀念江澤民主席《促進祖國統一大業的完成而繼續奮鬥》重要講話發表七周年座談會上提出：「為推動兩岸經濟關係上升到一個新的水平，我們願意聽取台灣各界人士關於建立兩岸經濟合作機制，密切兩岸經濟關係的意見和建議。」[56]張五岳教授便指出，順著錢其琛的談話，台灣應可提出建立「兩岸自由貿易區」（FTA）做為回應。在面對「全球化」與「區域經濟合作」兩大浪潮中，兩岸祇有秉持「資源分享」、「經濟共榮」的區域合作精神，方能因應全球化的嚴厲挑戰。[57]

根據著名經濟學家 Bela Belassa 的分類，不同層次的區域經濟整合的發展階段，依高低可區分為五種形式(forms)：[58]

1、**自由貿易區**（Free Trade Area）：採取非關稅及貿易配額的措施。此階段為經濟整合的起步，參與國主要針對關稅的廢除與配額設限達成共識。

2、**關稅同盟**（Customs Union）：除廢除關稅外，參與國對於非參與國設定共同的對外關稅措施。

3、**共同市場**（Common Market）：除了採取廢除關稅、共同對外關稅之外，允許參與國間在生產要素，即資本、勞務、人力等的自由

---

[56] 人民日報，2002 年 1 月 25 日。

[57] 張五岳，〈以「自由貿易區」回應兩岸經濟合作機制〉，中國時報，2002 年 1 月 26 日。

[58] 資料來源：Balassa, Bela (1961), The Theory of Economic Integration, London: Allen & Unwin.；陳德昇，〈兩岸經貿合作 開創政治和平〉，清溪論壇網頁，439 期。
〈http://www.mnd.gov.tw/division/~defense/mil/afrc/magazine/439/html/439/01/main01.html〉

流通。

4、**經濟同盟**（Economic Union）：參與國間形成一致的經濟政策，並
進一步形成固定的匯率及相同的財政與貨幣政策，換言之，朝向
單一貨幣的目標邁進。

5、**全面的經濟整合**（Total Economic Integration）：除了前述的各項關
稅、政策的一致性外，此一階段乃屬於經濟整合歷程中，最高及
最終的型態，意指參與國在經濟政策與財政及社會政策方面，均
已達到一致性的共識。

當今世界區域經濟合作組織很多，以**歐盟、北美自由貿易區和ＡＰＥ
Ｃ**三類最具代表性。其中歐盟是區域經濟一體化程度較高的經濟合作模
式，北美自由貿易區經濟一體化程度相對較低，ＡＰＥＣ則是新型模式。
由「自由貿易區」、「關稅同盟」、「共同市場」、「經濟聯盟」至「完全的經
濟聯盟」五種形式，歐盟分階段漸進發展體現了區域經濟一體化的完整過
程。北美自由貿易區則為經濟發展水平不同的成員之間的經濟合作提供了
經驗。ＡＰＥＣ所奉行的「開放的地區主義」原則和特定的協調機制也具
有啟示意義。[59]

自由貿易區是實現經濟全球化的重要形式，且是ＷＴＯ規則所允許，
目前在「世界貿易組織」一百四十二個成員中，已形成一百三十五個自由
貿易區。中國大陸方面亦正加緊研究建立「中國自由貿易區」（包括大陸
與港、澳、台），福建亦提出可先設立「閩台自由貿易區」或「廈－金自

---

[59] 劉映仙，〈建立兩岸經濟合作機制開創經濟關係新格局〉，經濟學報社網頁，2002 年
11 月 4 日。
〈http://www.tdctrade.com/report/top/top_021102.htm〉

由貿易區」的構想，作為建立「中國自由貿易區」的第一步。[60]

　　兩岸經濟統合應該先採取開放式的自然經濟整合，在亞洲以及太平洋區域經濟整合的架構下，先把政治議題放一邊，尋求經貿合作，才可能建立彼此的信任。不論是蕭萬長先生所倡導的「兩岸共同市場」[61]，抑或陳水扁總統所提出的「統合論」，均強調從經濟著手。祇有先把政治議題放一邊，尋求經貿合作，才可能建立彼此的信任。以兩岸互補的經濟條件及相近的文化、社會背景，自然而然加速經濟的整合，逐漸形成共同市場，讓兩岸在和平、安全、對等、互惠的原則下，降低經貿往來的障礙與成本，著手建立對雙方有實質助益的制度與協議。

　　但現有的區域經濟合作組織主要是國家與國家之間組成的區域合作組織，且大多經過各國政府之間簽訂協議或條約而成形，「兩岸經濟合作機制」無法完全比照世界上現有的經濟合作模式，主要還是由於**「主權問題」**的阻礙。中共始終堅持的，是如何在「一個中國」原則下，以中國內部事務的模式來處理兩岸經濟統合問題。因此**儘快實現兩岸「三通」和經貿關係正常化，是建構兩岸經濟合作機制的基礎**。儘速通過民間協商、跨越政治障礙，才是實現「三通」最實際且可行的辦法，也是經濟整合的必經階段。

二、兩岸可能之政治統合模式

　　兩岸如果要停止目前的敵對狀態，使得雙方關係正常的發展，除了在

---

[60] 〈許榮茂提出建立閩台經濟區的構想〉，上海統戰信息。
〈http://www.zytzb.org.cn/dfxx/sh/jyxc/80200303260121.htm〉

[61] 蕭萬長，〈倡議兩岸共同市場理念〉，兩岸共同市場基金會網頁。
〈http://www.crossstrait.org/version1/subpage1/center.htm 〉

政治上需要持續的善意互動，在法律上，一個兩岸間的過渡性協定或協議亦無法避免。從台灣的角度來看，由於大陸當局漠視台灣方面展現的善意及兩岸同胞的權益，至今對台灣方面仍充滿敵意。使得有關「結束兩岸敵對狀態」談判無法展開。[62]在 1995 年「江八點」中提到：「作為第一步，海峽兩岸可先就『在一個中國的原則下，正式結束兩岸敵對狀態』進行談判，並達成協議，共同承擔義務，維護中國的主權和領土完整，並將今後兩岸關係的發展進行規劃」。[63]1997 年江澤民在「十五大」的政治報告中亦重申此項概念。[64]

但兩岸要在什麼情況下結束敵對狀態？台灣方面在解除戒嚴與動員戡亂條例之後，便不再對中國大陸抱持敵意與侵犯意圖。反倒是中共當局始終不肯放棄「武力犯台」的可能性，將其視為防範台灣分離主義的最終手段。陳水扁總統在２００３年一月接受美國智庫費城外交政策研究所負責人西歇曼 (Harvey Sicherman) 專訪時再度重申，「呼籲中國領導人克服目前的爭議和僵局將兩岸經貿和文化統合作為逐漸建立互信的起點，其後雙方可以共同尋求永久和平、兩岸政治統合的新起點」。[65]關於兩岸未來統合的模式，在兩岸之間已有諸多探討，所創造出來的名詞亦很多。包括了中共方面的「**一國兩制**」；台灣方面的「**一國兩府**」、「**一中兩國**」、「**兩個政治實體**」，「**聯邦制**」(Federation)或「**邦聯制**」(Confederation)等；以

---

[62] 張亞中，《兩岸統合論》，台北：生智出版社，2000 年 8 月。

[63] 江澤民，〈 促進祖國統一大業的完成而繼續奮鬥〉，1995 年 1 月 30 日。

[64] 江澤民，〈高舉鄧小平同志理論的偉大旗幟，把建設有中國特色社會主義事業全面推向二十一世紀〉，江澤民在中國共產黨第十五次全國代表大會上的報告，1997 年 9 月 12 日。

[65] 〈陳總統重提兩岸統合論〉，聯合報，2003 年 1 月 23 日

及日本經濟學者大前研一所提出的**「中華聯邦」**[66]，抑或是張亞中教授所倡導的**「兩岸三席，兩岸治理」**[67]等觀念，皆試圖為兩岸將來的統合模式尋求一條妥善的解決之道。

大前研一在《中華聯邦》一書中談到，中共對於「一國兩制」的提案：台灣保持自己的憲法、貨幣與軍隊，依照一般對國家的定義，其實提倡的就是「維持兩個國家的制度」，但卻要稱之為「一個中國」，這是典型的中國詭辯，只有中國人才知道是什麼意思。[68]其實，就算是中共本身，也不見得能夠分辨「一國兩制」，跟「一中兩府」、「兩個政治實體」、「聯邦」、「邦聯」的內涵差異何在，他們所堅持的只是「一個中國」原則，但「一個中國」原則的內涵卻可商議。倘若解釋權在中共手上，「一國兩制」的定義可以比「聯邦」還寬，也隨時可以緊縮成「一個中國」，如果沒有透過條約的保障，台灣很難相信中共對於兩岸政治統合的承諾。

從另一個角度思考，如果中共沒有辦法給予台灣合理、對等的地位，兩岸如何簽訂讓雙方共同接受，並可信賴、遵守的協議條文？往往在談判協商的前提上便無法達成共識，只能停留在相互喊話階段；即使進入協商階段，也僅限於事務性議題，政治爭議始終無法妥善處理。因此，**在討論兩岸未來的政治統合模式，還是要回歸現實，先把兩岸目前的政治關係釐清，正視政治分裂的現狀，兩岸才有走向政治統合的可能。**

---

[66] 請參考，大前研一，《中華聯邦》，台北：商週出版社，2003 年 1 月 14 日。

[67] 張亞中，〈兩岸三席，兩岸治理〉，聯合報，2003 年 4 月 1 日。

[68] 大前研一，《中華聯邦》，台北：商週出版社，2003 年 1 月 14 日，頁 31-32。

第四節 積極開放有效管理

一、「積極開放有效管理」政策調整

兩岸經過二十多年的間接貿易，台灣一方面要竭力保護台灣經濟在業科技上對大陸的微弱優勢；另一方面，繼續以「戒急用忍」為由阻撓台商赴大陸投資，顯得不合時宜，客觀上亦對台灣經濟發展造成傷害，不得不逐步放寬兩岸經貿關係中的限制與規定。

2001年八月二十六日所召開的「經濟發展諮詢會」（簡稱「經發會」），確定了以**「台灣優先、全球佈局、互惠雙贏、風險管理」**為基本原則的對外經貿發展政策，對中國大陸的投資政策也由過去的「戒急用忍」改為在「全球佈局，策略性開放」原則下秉持的**「積極開放有效管理」**的辦法。[69]在該會上擬定具體的相關做法如下：

1、委請由產、官、學界組成之專案小組，定期檢討放寬大陸投資業及產品專案。

2、放寬大陸投資資金限制，並建立風險管理機制。

3、完善大陸投資財務報表查核機制，加強資訊透明化。

4、在建立相關配套措施及保障投資安全前提下，開放企業赴大陸直接投資。

5、配合大陸投資政策調整，准許未經核准赴大陸投資廠商補辦登記。

6、強化大陸台商產業輔導體系，積極協助台商降低投資風險。

---

[69] 〈經發會共識與結論：兩岸組總結報告〉，總統府網站，2001 年 8 月 16 日。
〈http://www.president.gov.tw/2_special/economic/index-91.html〉

7、推動簽署兩岸投資保障協定及兩岸租稅協定。

經發會對於兩岸資金靈活流動機制，作出了一定規劃，具體內容如下：

1、健全資金回流機制：加強發展銀行國際金融分行（OBU）成為海外及大陸台商資金調度中心。規劃推動直接通匯。引導企業將大陸投資利潤匯回，並對台商自大陸撤資提供協助。

2、依國際慣例，循序開放金融服務業赴大陸地區進行業務投資、設立分行（分公司）或子公司。

3、循序開放陸資來台。開放陸資來台投資土地及不動產、事業投資以及證券投資。

4、評估建立境外資本市場。

　2001年十一月，政府鬆綁「戒急用忍」政策，而以「積極開放有效管理」的政策代之，其主軸是「產業面從寬，資金風險管理」，開放台商直接赴大陸投資，兩岸企業可以直接簽訂貿易合同，但是仍對大陸企業到台灣投資、對大陸商品進口設限。對投資大陸個案金額不限在 5000 萬美元以下，而僅對個別投資金額依規定作總量控制。[70]

　2002年三月二十九日行政院宣佈，台灣將在有效管理和建立相關配套的前提下，「小規模、低度開放」八寸晶圓廠前往大陸投資。[71]但實際上2002年初，臺灣的聯電已在蘇州工業園區投資 10 億美元興建晶圓廠，預計一年多後可以完工並投入生產。[72]

---

[70] 〈落實大陸投資「積極開放、有效管理」政策說明〉，陸委會網站，2001 年 11 月 7 日。
〈http://www.mac.gov.tw/big5/cnews/empl01.htm〉

[71] 〈院長對開放晶圓廠赴大陸投資之政策說明〉，陸委會網站，2002 年 3 月 29 日。
〈http://www.mac.gov.tw/big5/cnews/inv02.htm〉

[72] 中國時報，2002 年 4 月 2 日。

　　為推進兩岸正常化經貿關係，民進黨政府根據經發會所訂的「台灣優先，全球佈局，互利雙贏，風險管理」原則推動兩岸協商，促進兩岸經貿發展。決定分段開放大陸農工產品進口，於２００２年一月十五日公佈，把未開放進口的大陸貨品分為三類：第一類為立即開放；第二類為有一定的調適時間；第三類為敏感性或管制性的暫不開放。其中第一類開放大陸貨品清單，包括農產品 901 項、工業產品 1225 項，總計 2126 項，加上原已開放的共計 7757 項，占產品總數 10604 項的 73.2％。[73]

　　在商品貿易政策方面，民進黨政府修正《臺灣地區與大陸地區貿易許可辦法》，開放兩岸貿易商直接交易。為此，還相應修正了《臺灣地區銀行辦理大陸地區間接進出口外匯業務作業準則》及《臺灣地區金融機構辦理大陸地區間接匯款作業準則》，於２００２年二月中旬公佈實施。[74]

　　在服務貿易政策方面，對中國大陸開放範圍包括直接投資和間接投資。開放行業分為三類：第一類為優先考慮的，第二類視情勢發展再考慮，第三類為暫不考慮。優先開放從事營利性事業的投資；優先開放由公司組織型態提供的服務；優先開放其他不具有經濟上的壟斷性和政策、社會、文化上的敏感性，以及不致對臺灣經濟發展、金融穩定造成影響的行業。第一類開放行業清單計 58 項，重點開放投資不動產、服務業，和局部開放製造業。[75]開放陸資計劃、措施及增訂相關法規，包括《兩岸關係條例暨施行細則修正草案》、《大陸地區來台投資許可辦法》及相關行政管理規章等。其他如跨境提供服務，以及境外消費的檢討規劃報告等，都於２００３年三月底完成。

---

[73] 聯合報，2002 年 1 月 17 日。
[74] 中央社，2002 年 2 月 17 日。
[75] 工商時報，2002 年 1 月 17 日。

　　金融往來政策則與商品及服務貿易調整相互配合，金融往來初期調整專案包括：（1）對陸資投資事業彙入及彙出資金訂定規範；（2）開放兩岸直接通彙及相關直接金融往來；（3）研究人民幣兌換及大陸地區票據、有價證券定位問題。以上由臺灣央行、財政部負責，三月底前完成規劃及評估報告。金融銀行將藉大陸金融市場逐漸開放的機會強力進入大陸設置分行，開放 OBU 海外分支機構，與大陸金融機構直接通彙。三月初，中國人民銀行已批准臺灣世華銀行和彰化銀行在上海及昆山設立辦事處，還有六家銀行申請案，也將依規定分批予以審批。[76]臺灣保險業者也看好大陸保險市場發展潛力，近期陸續申請到大陸設立辦事處，臺灣當局已批准 10 家保險公司前來大陸設立。

　　人員往來政策，（1）配合兩岸商品及服務貿易調整措施，適度放寬大陸經貿專業人士、旅遊觀光及從事商業活動者在臺灣短期停留；（2）准許大陸人士在陸資企業擔任職務或執行業務；（3）開放大陸經理人及關鍵技術人員在陸資投資事業工作。[77]此項研擬計劃措施及增修的相關法規已完成，將適時推動。

　　在其他相關事項的政策調整，則適度開放在台從事大陸物品促銷及勞務提供等相關廣告活動，制定相關管理辦法由陸委會及相關機關負責，已於２００２年一月底完成規劃。從政治角度考慮，經濟方面的有限放寬，是臺灣政府向中國大陸展現「善意」的實際行動，讓中國大陸對兩岸經貿關係的發展有所期待，從而緩和兩岸關係可能出現緊張的危機，繼續保持兩岸目前表面上的和平寧靜狀態。

---

[76] 經濟日報，社論《以積極開放的態度促進兩岸金融往來》，2002 年 3 月 13 日。

[77] 中央社，2002 年 1 月 18 日。

在經發會 322 項決議中，其中 36 項屬於兩岸關係範疇。其中 29 項偏向「積極開放」，7 項屬於「有效管理」。[78]以赴陸投資為例，經發會決議將上限由 5000 萬美元放寬至 8500 萬美元，同時取消過去的「准許類」，保留「禁止類」，並且用「一般類」的名義來取代原來的「審查類」，使得所有投資案，不論大小，一律必須通過政府的審查。在實際執行過程中，所隱含的政治恫嚇力恐怕將遠比偏重道德訴求的「戒急用忍」更有威力。如此看來，**民進黨政府對於開放兩岸經貿關係仍然是「有效管理」重於「積極開放」**。

二、因應加入ＷＴＯ的經貿政策調整

台灣與中國大陸不僅在國際經貿舞台上扮演著重要的角色，近年來雙方的經貿關係更迅速增長，**２００２年一月一日，台灣正式加入「世界貿易組織」（ＷＴＯ）**[79]，兩岸共同加入ＷＴＯ，意味著兩岸將在新的國際經濟架構下進行新的互動關係，尤其是對兩岸的經貿關係，產生正面與負面的不同層面影響。為因應兩岸加入ＷＴＯ之後的影響，民進黨政府依據經發會的決議，調整兩岸的經貿機制，具體政策措施包括：[80]

---

[78] 〈經發會共識與結論：兩岸組總結報告〉，總統府網站，2001 年 8 月 16 日。
〈http://www.president.gov.tw/2_special/economic/index-91.html〉

[79] 世界貿易組織 (World Trade Organization)是一個由多邊貿易體制的法律和組織為基礎而組成的國際性組織。成員國必須承擔及遵守組織內的契約義務，向各國投資者、消費者、僱主及僱員及提供一個鼓勵貿易和創造就業機會的商業環境，以及一個開放的市場。抱著公平、公開、公正的原則，以保護世界的貿易為己任，務求令世界貿易呈現均衡的局面。
〈http://home4u.hongkong.com/_H4U/education/university/econ320/introduction1.htm#gatt〉

[80] 陸委會，〈「加入ＷＴＯ對兩岸關係之影響」參考資料〉，2001 年 11 月 22 日。
〈http://www.mac.gov.tw/big5/economy/em901122.htm〉

1、開放兩岸直接貿易。

2、考量大陸降低貿易障礙，適度擴大開放大陸物品進口。

3、適度開放大陸企業來台從事服務業（亦考慮局部開放製造業）。

4、開放兩岸直接通匯業務。

5、開放兩岸直接通郵、通訊業務。

6、開放台商赴大陸直接投資。

7、將依國際慣例，逐步開放我國的金融機構赴大陸設分支機構。

8、規劃設立「兩岸經貿安全預警制度」，處理相關國家安全及產業風險等事宜。

（一）對大陸投資方面

民進黨政府對相關的經貿政策做了一系列的相應的修改，以因應世貿組織要求所作的減讓承諾，具體包括降低關稅、減少非關稅壁壘措施、開放服務業市場及政府採購市場，以及遵守知識產權保護規定等。另一方面，為了保護加入ＷＴＯ後對相關產業的衝擊，民進黨政府亦制定了相關的保護措施方案，根據有關單位發佈的《「加入ＷＴＯ相關政策說明」報告案》、《加入ＷＴＯ兩岸經貿政策調整執行計劃》[81]等報告，在加入ＷＴＯ後，民進黨政府對大陸投資方面的相關政策調整如下：

1、開放兩岸貿易商直接交易。

修正《臺灣地區與大陸地區貿易許可辦法》（以下簡稱兩岸貿易許可

---

[81] 行政院於 2001 年 1 月 7 日召開會議，就兩岸商品貿易調整及開放陸資來台投資服務業之細部規劃以及相關法制作業進行研商，並由陸委會彙整各機關意見，完成《加入ＷＴＯ兩岸經貿政策調整執行計劃》報告，內容針對台灣加入ＷＴＯ後大陸商品進入臺灣的影響分析以及現階段臺灣對大陸貿易政策調整。

辦法）第五條及第十二條規定，取消兩岸貿易之買方或賣方須為第三地區業者之限制。

2、分階段擴大開放大陸物品進口。

臺灣將未開放進口的大陸貨品區分為三類：第一類為立即開放進口之貨品專案；第二類為須有一定調適時間之貨品專案；第三類為敏感性及管制性之貨品專案，暫不開放。

3、調整大陸物品進口審查機制。

修正兩岸貿易許可辦法第八條規定，調整大陸地區物品進口審查專案小組的機制，將大陸物品進口專案分為兩種，第一種是定期檢查，每六個月檢討一次，由主管機關建議開放進口專案，提請專案小組審查。第二種是不定期檢查，由廠商或　業團體建議開放進口專案，由主管機關彙整後，提請專案小組審查。

4、強化大陸物品進口防禦機制。

修正《貨品進口救濟案件處理辦法》，和《紡織品進口救濟案件處理辦法》，增列相關條款，以納入所謂「大陸進口貨品之特別防禦機制」。修正《兩岸貿易許可辦法》第八條規定，賦予相關貨品主管機關一定許可權，在大陸物品進口對島內市場有重大不良影響時，可以報請行政院准予停止輸入。

（二）在兩岸經貿交流方面

根據陸委會主任委員蔡英文在工業總會座談會上的講話指出，台灣加入ＷＴＯ後，在兩岸經貿交流方面有以下幾點改進：[82]

---

[82] 蔡英文，〈新情勢下兩岸經貿政策方向〉，陸委會網站，2002 年 8 月 28 日於聯勤信義

1、在大陸投資方面，政策調整方向是落實「積極開放、有效管理」。

在積極開放方面，有以下幾項主要措施：第一，大幅消除產業面的投資限制，目前農工產品部分開放達 8163 項，比例達 93.82％。另八月十二日發佈服務業及基礎建設經營專案，其中服務業列為一般類計有保險業等 68 項；

第二，取消五千萬美元投資上限，以因應可能的大規模投資；

第三，全面放寬小額投資的管制，二千萬美元以下投資採自動審核制度。至於兩千萬美元以上則採專案審查，這一新的投資審查機制已於五月正式啟動。至於有效管理方面，修法自今年七月一日起准許未經核准赴大陸投資台商可以補辦登記，在透明化的前提下給予便利。

2、在開放陸資來台方面，為增進兩岸資金正常雙向流動，政策上已准許讓大陸資金到台灣投資。

第一階段　准許大陸資金投入不動產，內政部於２００２年八月八日發佈「大陸地區人民在台灣地區取得設定或移轉不動產物權許可辦法」，並從八月十日開始施行。

第二階段是開放陸資來台投資服務業，在對其他國家開放的 108 項服務業中，已決定對大陸開放五十八項，陸資進入其他各行業正在討論中。另外，也將同步開放陸資進入製造業。

3、在擴大兩岸金融往來部分，民進黨的政策方向是逐步讓兩岸資金能夠自由、正常的流動，並避免長期性單向的流出，具體做法包括：

廳演說。
〈http://www.mac.gov.tw/big5/mlpolicy/tsai910828.htm〉

（1）許ＯＢＵ與大陸金融機構直接往來，已於２０００年十一月十六日實施，今年八月二日並擴大至准許ＯＢＵ在建立防火牆前提下，辦理授信及應收帳款收買業務，同時，也開放ＤＢＵ（內外匯指定銀行）與大陸金融機構直接通匯。

（2）開放金融機構赴大陸設置分支機搆，已開放銀行赴大陸設置辦事處，２００２年八月二日又開放保險業赴大陸地區設立分公司或子公司。

（3）完成建立境外資本市場之可行性評估，將以改善現行制度方式協助大陸台商集資，包括鼓勵在興櫃交易，以及放寬發行ＴＤＲ的條件等。

4、在開放陸資來台方面，為增進兩岸資金正常雙向流動，政策上已准許讓大陸資金到台灣投資。

第一階段為准許大陸資金投入不動產，內政部已２００２年於八月八日發布「大陸地區人民在台灣地區取得設定或移轉不動產物權許可辦法」，並從八月十日開始施行。

第二階段是開放陸資來台投資服務業，在對其他國家開放的 108 項服務業中，已決定開放 58 項，後續檢討讓陸資進入各行業。但必須等立法院完成兩岸條例第 73 條及相關條文修正後，才能實施。另外，也將同步開放陸資進入台灣製造業。

三、加入ＷＴＯ與開放三通問題

由於兩岸經貿與人員相當規模的交流往來，因此要求兩岸儘早實現直接「三通」的呼聲日益高漲，希望能使兩岸經貿關係在市場經濟法則下健

康發展。行政院於２００２年九月向立法院提交「兩岸關係條例」的修正草案。依照其草案說明，已明確指出：基於兩大主要原因必須大幅修正兩岸關係條例。一是開放兩岸交流已歷十三年餘，雙方在各層面之往來日益頻繁，無論在交往之形式、管道及層次均不斷的擴增與提升。二是兩岸均已加入世界貿易組織（ＷＴＯ），將藉由國際組織及國際規範架構，調整既有的兩岸經貿規範。[83]

（一）加入 WTO 與兩岸三通

陳水扁總統２０００年九月二十二日接受美國ＣＮＮ訪問時表示，「對兩岸同時加入ＷＴＯ一事持正面的態度。大陸和台灣同為國際社會一份子，都要接受相同的國際規範。」另外，陳水扁總統同時表示，新政府已經積極檢討對大陸的經貿政策，包括「大三通」在內，因為兩岸關係要正常化，首先就要從經貿關係正常化開始做起。[84]在經發會的共識與結論中，第四項就是加入ＷＴＯ與兩岸三通。結論中建議：[85]

1、配合加入ＷＴＯ進程，開放兩岸直接貿易及兩岸直接通郵、通訊等業務，並考量大陸降低貿易障礙，適度擴大開放大陸物品進口，同時規劃設立「兩岸經貿安全預警制度」，處理相關國家安全及產業風險等事宜。

---

[83] 請詳見，行政院函送立法院「台灣地區與大陸地區人民關係條例」修正草案的說明一，院台秘字第 0910089335 號，2002 年 9 月 30 日。

[84] 請詳見〈總統接受 CNN 專訪〉，行政院新聞局網站，2000 年 9 月 22 日。〈http://www.gio.gov.tw/info/2000html/0922.htm〉

[85] 〈經發會共識與結論：兩岸組總結報告〉，總統府網站，2001 年 8 月 16 日。〈http://www.president.gov.tw/2_special/economic/index-91.html.〉

2、積極推動兩岸「通航」

第一、整體規劃兩岸「通航」事宜,並透過兩岸協商予以落實推動。

第二、在兩岸簽署「通航」協議之前,採取過渡措施減少兩岸間接通
　　　航之不便,具體措施有:(1)擴大「境外航運中心」功能及
　　　範圍,開放貨品通關入出境。(2)准許民間航運業者與大陸
　　　洽談航運業務合作事宜。

3、積極評估建立「經貿特區」。

從經濟的角度來看,入世對於兩岸關係的衝擊在於驅使我方在世貿組
織的架構之下和中國大陸從事貿易行為,而三通則是使得此種行為的運輸
作業等方式更加自由化,從而更加深了入世的衝擊與影響。

現階段除非民進黨政府接受大陸所主張的「一個中國」的原則,否則
短期內兩岸難以開展全面正常的互動關係。根據「關稅與貿易總協定」(G
ATT)[86]的1994年第一條規定:「任一締約成員對來自或輸往其他國
家之任一產品所給予之任何利益、優惠、待遇或豁免,應立即且無條件地
給予來自或輸往所有其他締約成員之產品」。因此**台灣對大陸貿易和航運
採用間接方式,顯然與WTO的基本精神相牴觸,可能無法再繼續堅持。**
民進黨政府因應兩岸加入WTO與三通問題的所做的調整包括以下的主

---

[86] 關稅與貿易總協定 (General Agreement on Tariffs and Trade)是世界貿易組織的前
身。第二次世界大戰結束後,全球經濟陷入蕭條,各國為了振興經濟,嚴格限制商
品進口;隨著經濟復甦,這些國家開始逐漸放寬商品進口限制。另一方面,美國在
戰後經濟急劇膨脹,成為世界最強的經濟大國,熱切期望貿易自由化,因此在 1945
年 11 月提出了「世界貿易和就業會議」,提出建立新的國際貿易體制的一系列基本
原則(如削減關稅,消除貿易壁壘,恢復多邊自由貿易)。這些基本原則經過了多次的
多國共同會議的協商後,就於 1948 年 1 月 1 日訂立了「關稅與貿易總協定」。
〈http://home4u.hongkong.com/_H4U/education/university/econ320/introduction1.htm#gatt〉

要內容：[87]

1、人員往來：

包括身份及居停留制度、入出境許可、擔任職務或為成員、聯合設立法人、締結聯盟或為合作行為等相關事項。落實大陸配偶在台「生活從寬」的政策。面對ＷＴＯ入會的國際義務，適度的開放大陸人士來台停留（觀光或商務）、短長期居留及工作，並且大幅度的解除兩岸人員相互擔任職務或為成員的法律限制，便利兩岸人員在「三通」以後的正常往來。而對於兩岸民間聯合設立法人、締結聯盟或合作，也是採取原則許可的政策。

2、經貿往來：

原則上是履行ＷＴＯ 國際義務的調整。主要重點在於擴大開放大陸物品進口、開放兩岸直接貿易、直接投資、直接通匯、開放陸資來台投資不動產、開放金融業赴大陸，及擴大「境外航運中心」的功能及範圍。

3、兩岸通航：

指的是開放兩岸海空運有關人員與貨物的直航部分。在海運通航部分，涉及港口開放與海運航線的規劃與管理。在空運通航部分，涉及允許飛越領空、境內營運權、空運航線及航班等相關涉及兩岸民航開放的事宜。

4、文教往來：

包括同意兩岸學校締結聯盟、開放大陸出版品來台銷售、展覽、觀摩，以及允許在大陸設立台商子弟學校。

---

[87] 詳見：行政院大陸委員會，〈台灣地區與大陸地區人民關係條例檢討修正說明〉，2002 年 9 月 23 日。〈http://www.mac.gov.tw/big5/cnews/ref910925.htm〉

（二）三通對國家安全的影響

隨著兩岸交流的開放，部分原本對國家安全有極大影響的行為，在兩岸開啟民間交流後，逐漸成為稀鬆平常的活動之一。由於中共不承認我為對等政治實體，所謂的「一個中國」是指「中華人民共和國」，在此前提下，台灣只能是「一個中國」內的一個地方政府，因此，兩岸直航可能牽涉到的主權與法律管轄權等問題，雙方無法坐下來對等協商，更遑論可以達到共識，簽訂協議。**中共當局對台灣的政治態度是構成兩岸直航的主要障礙**。在政治問題尚未解決之前，關於兩岸三通直航問題，有下列幾項問題尚待釐清：

1、國籍與國旗問題：

一九五八年的《公海公約》，一九八二年聯合國《海洋公約》，我方的《船舶法》、《商港法》及中共的《海上交通安全法》等，對船舶國籍及國旗均有明文規定。中共既不承認我方船舶的國籍，我方船舶亦不可能為此放棄中華民國國籍，更不可能改採中華人民共和國國籍。

2、證件相互承認問題：

船舶的國籍國享有對於船舶及船員核發各種證件的公權力，以敦促其符合載運客、貨的通航標準。中共不承認中華民國的存在，「中華民國」稱號、旗幟和青天白日徽記等當然不可能被中共接受。

3、法律適用與糾紛處理問題：

一般通航問題同時涉及兩個國家的國籍、法律制度、主管機關及複雜的航權談判，兩岸間的直航問題即使在形式上不視為國家間的問題，不「引用」國際法，在法律適用上也很難不「比照」國際慣例處理，因為沒有一方願意或可能完全依照對方法律辦事。

由於兩岸人民的經濟與工作條件存有相當的倍數差距，一旦兩岸開放

「三通」直航與許可大陸人民來台進行經貿活動、工作居留，將無可避免的大幅增加大陸人民非法入境或逾期居留工作的誘因。開放「三通」後預期大陸人民非法入境或違法居留在台的數額與問題應該只會增加與益形嚴重，而且相關衍生的兩岸社會與政治問題會益形複雜。[88]

面對近年來台灣投資環境的惡化，許多台商紛紛前往大陸投資，面對中國大陸的磁吸效應，一旦開放兩岸直航，恐將促使台灣經濟加速空洞化。從經濟戰略的角度考量，兩岸經濟發展程度及整合的條件亦截然不同。特別是兩岸經濟規模差距過大，中國大陸面積達 960 萬平方公里，為台灣的 276 倍；人口 12.6 億人，為台灣的 57 倍，在這種懸殊差距下，兩岸經貿整合若無適當的引導與規範，將嚴重影響台灣經濟的安定。

如同張五岳教授所言，國家安全無限上綱的做法，逐漸無法獲得廣大人民的認同，而喪失了不得牴觸的崇高地位。國家安全必須以國家利益作為後盾，而國家利益則端賴台灣總體的競爭力，其中更以經濟實力最為重要，兩岸直航對台灣安全的威脅與否，可能需要作更細膩的思考。[89]換言之，**兩岸不通航，並不能保障台灣的國防體系不受到威脅**；同樣的，**兩岸直航也不是影響國防安全的主要因素**。三通是手段而非目的，改善台灣投資環境，強化台灣本身的經濟競爭力，這才是目的。

---

[88] 張顯超，〈兩岸「三通」的開放調整與協商〉，《展望 2003 年兩岸政經發展研討會》，行政院研考會、台灣智庫與中山大學社會科學院主辦，2002 年 12 月 1 日。

[89] 中華歐亞基金會，〈兩岸三通之政經評估〉，政策研究系列，2002 年 12 月。

第五節　一邊一國論

一、趨獨的扁政府政策

1、「去中國化」與凸顯台灣地位

　　台灣學者董立文教授指出,「全球化下的台灣政治發展,是以兩種不同的方式產生認同分殊化的現象,一是『本土化』;另一種是『去中國化』」。[90]中共一年半以來的「聽其言,觀其行」給了民進黨一項明確的認知,只要維持現狀,民進黨的「去中國化」政策就會日復一日的發酵,同時在「本土化」政策的推波助瀾下,台灣獨立建國僅是時間的問題。中共在民進黨執政一年半以來,雖然對陳水扁總統在「台灣主權獨立」上的堅持多所批判,但是在陳水扁總統並未宣布台獨的情況下,中共也無可奈何。而民進黨政府諸多「去中國化」的政策亦未發生立即且產生台獨的危險,更使中共的批評無著力之處。[91]

　　「台灣是一個獨立的主權國家,它的名字是中華民國」的論述方式,自陳水扁總統就職以來始終未遭到中共的質疑或挑戰。自2001年五月陳總統就職滿周年起,扁政府的大陸政策就逐漸出現一些個別不易留意,但整體十分清楚的轉變趨向。例如**陳總統極少在重要的公開場合提到「中華民國」**。2001年的元旦祝詞尚有七次提到中華民國,[92]但在2002年元旦祝詞僅只開頭與結尾兩句點到「中華民國」;[93]即使在民國九十年國

90　董立文,〈展望兩岸政治與經濟整合〉,中央日報,2002 年 10 月 16 日。

91　曹俊漢,〈錢其琛談話,誰誤判形勢〉,國政研究報告,2002 年 2 月 8 日。

92　〈總統發表九十年元旦祝詞〉,總統府網站,2001 年 1 月 1 日。

93　〈總統發表九十一年元旦祝詞〉,總統府網站,2002 年 1 月 01 日

慶大會的致詞中，除了開頭的「今天是中華民國九十年國慶」與結尾的「祝中華民國國運昌隆」外，全文無一處提及中華民國。[94]２００３年的元旦祝詞則提到了三次「中華民國」。[95]對陳總統而言，「中華民國」的剩餘價值僅存於向邦交國致詞，或是向三軍弟兄訓話等極少數場合，除此之外，「中華民國」在公開場合被提及的機率越來越少。

　　另外，**民進黨各政府機關紛紛改變所管轄的一些小現狀**。譬如，行政院新聞局更改秋海棠局徽、改官方刊物名稱；[96]淡化中國色彩，凸顯台灣圖騰與特色；總統府唱國歌有曲無詞；外交部在護照封頁上加註「台灣」；通用拼音與漢語拼音之爭議等，雖然這些施政措施都有個別的正當性理由，但整體走向卻令人很難不加以聯想。尤其是在陳水扁總統公開聲稱：「台灣適合當獨立的國家，這是事實，不管人家同不同意，接不接受，台灣已經是一個獨立的國家。」[97]之後，更引起諸多爭議與討論。民進黨政府的大陸政策逐漸由競選時期所提出的「新中間路線」[98]，演變至執政初期「中共不武，台灣不獨」，而至中後期的「趨獨轉變」，其發展脈絡與痕跡事實上極為明顯。

2、護照加註台灣

　　２００２年一月十三日，陳水扁總統宣佈批准在護照封面上加註「台灣」(issued in Taiwan)，並聲稱這是送給「台灣人公共事務會」回台舉辦

---

[94] 〈中樞慶祝中華民國九十年國慶典禮〉，總統府網站，2001 年 10 月 10 日

[95] 〈總統主持中華民國九十二年開國紀念典禮暨元旦團拜致詞〉，總統府網站，2003 年 1 月 1 日。

[96] 〈新聞局換局徽 去除大陸版圖〉，自由時報，90 年 12 月 30 日星期日

[97] 聯合報，2002 年 5 月 18 日。

[98] 〈台灣的新中間路線：一個全新的政治視野〉，總統府網站，施政白皮書。
〈http://www.president.gov.tw/2_history/890520-891008/chinese2000/president/paper_01.htm〉

成立二十周年大會的「最佳生日禮物」。[99]外交部長田弘茂則表示，護照加
註「ISSUED IN TAIWAN」是外交部唯一且最後的方案，其中沒有統獨考
量，只是為了要讓國人在海外旅遊時方便，不要被誤認為中華人民共和國
的護照。外界雖賦予很多的政治解讀，但他認為沒有必要，至於中共要怎
麼想，並不予置評。[100]

3、一邊一國論

陳水扁總統於２００２年八月三日，以視訊直播方式於「世界台灣
同鄉聯合會」第二十九屆年會中致詞，提及台灣與對岸中國是「一邊一
國」，並敦促立法部門儘速通過「公投法」，引起國、內外熱烈討論。陳
總統談話有三個重點：一是延續陳總統接任執政黨主席當日有關「台灣要
走自己的路」談話的精神；二是對世人宣示，台灣是主權獨立的國家，「台
灣與對岸，一邊一國」；三是支持公民投票的立法。[101]陸委會在八月五日
與六日分別提出說明與說帖，解釋陳水扁「一邊一國論」，以減緩國際輿
論批評與中共激烈反應，主要內容有下列四點：[102]

（１）政府大陸政策的主軸迄今沒有改變。以陳總統五二○就職演說
以及其後的各項重要政策宣示為主要內涵。只要中共無意對台動武，台灣
願意信守「四不一沒有」的承諾；秉持「善意和解、積極合作、永久和平」
的原則進行交流，並尊重人民自由意志的選擇。

（２）兩岸經貿政策的進程將會持續推展。落實經發會共識是當前最

---

[99] 中央社，2002 年 1 月 13 日。

[100] 自由時報，2002 年 1 月 15 日。

[101] 〈兩岸一邊一國 台灣走出自己的路〉，自由時報社論，2002 年 8 月 4 日。

[102] 〈陳總統八月三日有關大陸政策談話本會之說明〉，陸委會網站，2002 年 8 月 5 日。
〈有關陳水扁總統八月三日談話之說帖〉，陸委會網站，2002 年 8 月 6 日。

重要的工作。已將以往的「戒急用忍」政策調整為「積極開放，有效管理」，將以往的間接經貿往來改為直接往來，並開放直接通匯。要求大陸方面應秉持相互尊重的原則，不預設政治前提，儘早針對三通展開協商，儘快推動。

（3）政府有責任創造有利於兩岸恢復對話的穩定環境，陳總統歷來對大陸方面釋出的善意，以及我方推動的各項開放措施，都是希望有助於建構與強化兩岸間的良性互動的結構，以期逐步增進彼此的互信與了解，共同發展相互可以遵循的互動法則，並避免錯誤解讀或誤判，以確保兩岸關係長期的穩定。

（4）我方種種的善意，大陸方面並沒有具體而明顯的回應，並且持續在外交上打壓我們的活動空間；在軍事上強調不放棄武力犯台，並大幅強化對台軍事布署。不希望中共一再藉由採取破壞兩岸關係的作為，測試我方的政策底線。

有關「**台灣跟對岸中國一邊一國，要分清楚**」部分，總統府最後決定的英譯內容為：「**Taiwan and China standing on opposite sides of the Strait, there is one country on each side. This should be clear.**」。[103]陳總統的「一邊一國」講話直接衝擊中共的「一個中國」原則與美國之「一個中國政策」，媒體大多認為此係民進黨政府所發表過「最強硬之台獨立場」，使美國「台灣不獨立、大陸不動武」之政策受到挑戰。部分美方人士認為陳總統講話乃對中共之政策奇襲，且並未事先知會美方工作階層，造成美方深感意外。並將其解讀成，台灣未以負責任行為者的的角色操作兩岸關係，而擔心對台、美、「中」三邊關係造成不利之影響。

---

[103] 〈總統府敲定陳總統一邊一國說法的英譯〉，中央社，2002 年 8 月 7 日。

　　根據台灣媒體在當時所做的民意調查，有高達五成二的受訪者同意陳水扁總統所提「台灣與對岸中國是一邊一國」的說法，三成二表示不同意；對於以公民投票來決定台灣的前途，有高達五成八的受訪者表示贊成，三成表示不贊成。[104]但亦有超過五成民眾擔心「一邊一國」主張對生活帶來恐慌。此外，約五成五的民眾認為相關主張將不利於台灣經濟；六成三的受訪者認為，「一邊一國論」與「兩國論」的內容與目的大同小異。[105]

二、「中華民國」何去何從？

1、用「憲法一中」回應「一個中國」

　　主權的概念是指涉國家的基本法律特質和國家屬性，因此在「不違反國際法」限制下，係指「一個國家獨立於其他國家之外，且於法律上不受其他國家的滲透影響，以及國家對其領土和人民的政府權力的至高性和排他性的管轄權」。[106]雖然民進黨政府執政後一再宣稱：「台灣是主權獨立的國家，它的名字是中華民國」，但在法理上，中華民國並不等同於台灣。**中華民國的涵義遠大於台灣，至少還必須包括澎湖、金門、馬祖等離島地區，而不能用「台灣」這個名詞一概而論。**在中華民國總統府的官方網站上，對於「中華民國」，有如下的介紹：[107]

104　〈「一邊一國論」發表一週後民意調查〉，TVBS 民意調查中心，91 年 8 月 8 日至 9 日。

105　〈民眾對陳總統「一邊一國論」的看法〉，三立民調專案中心，2002 年 8 月 5 日至 8 月 6 日。

106　相關主權概念討論，可以參考：楊永明，〈民主主權：政治理論中主權概念之演變與主權理論新取向〉，《台大政治科學論叢》，第七期，1996 年 6 月，頁 125-156。

107　〈中華民國國情簡介〉，總統府網站。
　　　〈http://www.president.gov.tw/1_roc_intro/roc_intro.html〉

121

> 　　我國的固有土地面積，包括大陸和台灣等地區，有一一、四一八、一
> 七四平方公里（合四、四〇八、五五七平方英里），東以黃海、渤海、東
> 海連接西太平洋，東南以南海為通向印度洋的孔道。境內由漢、滿、蒙、
> 回、藏、苗、傜等民族，融合形成了中華民族。
> 　　民國三十八年，中共全面發動內戰，繼而成立「中華人民共和國」政府，
> 於是，中華民國政府遷來台灣，有效管轄的範圍有台灣、澎湖、金門、馬
> 祖、東沙群島、南沙群島等地，土地面積約為三六、一九〇平方公里（約
> 一三、九七三平方英里）。五十多年來，台灣與大陸分別由兩個互不隸屬
> 的政治實體治理，形成海峽兩岸分裂分治的局面。
> 　　目前台澎金馬地區人口到民國八十九年六月底為止，已超過二千二百
> 十七萬餘人。大多數臺灣居民的先祖是從中國大陸東南地區，尤其是從
> 福建省和廣東省移居而來，此外，台灣原住民也是中華民族的一支。
> 　　今天在臺澎金馬地區的全體民眾，早已凝聚「生命共同體」的共識，
> 正以「立足臺灣，胸懷大陸，放眼天下」的胸襟，攜手同心，共同開創國
> 家發展的新里程。

　　陳水扁在２００１年八月十日接見美國參議員邦德時曾表示，「兩岸
問題要進一步的解決，一定要依中華民國憲法的思維來定調，如此才能化
解兩岸的歧見，這也是兩岸政府與人民所能接受所謂『一個中國』的答
案」，這是所謂的以「憲法一中」來回應中共的「一個中國」原則。但是
陳水扁總統的「憲法一中」，只是一個孤立的概念，缺乏其他相關的整體
概念與措施來做具體的詮釋，無法解釋「在『憲法一中』的架構下，兩岸
關係的定位為何？」以及「中國大陸之於中華民國算是什麼？」等爭議，
反而回到了兩岸對峙時期的「一個中國」僵化概念。[108]

　　如何提出一個符合現狀的解釋，使台灣人民與中共當局都能接受？雖

---

[108] 孫揚明，〈談陳總統的「憲法一中」〉，聯合報，2001年8月17日。

然「中華民國」也是主權國家，但亦符合北京方面對「一個中國」原則的堅持，**兩岸間如果要存同化異，「中華民國」是一個較有可能的交集點。** 在汪道涵的「一個中國的分治」和錢其琛的「一中新三段論」，對中華民國都表示較不排斥的態度。國民黨政府在「國統綱領」中，把兩岸定位在「一國兩區」，將中國大陸界定為中華民國領土，但「當前管轄權所不及」，並在一九九二年的時候，擱置此項爭議。[109]而有後來的「辜汪會談」與四項協議，兩岸的諸多交流得以進一步開展。

2、民進黨提升「台灣前途決議文」位階

民進黨黨從１９９９年「台灣前途決議文」[110]開始就承認了中華民國的合法性；２０００年總統大選獲勝後，陳總統「五二０就職」在中華民國憲法前宣示就職；我政府官員在立法院數次答詢時，均自認為是「中華民國國民」；跨黨派小組所提出的三認知四建議中，亦建議民進黨政府「以中華民國憲法回應對岸『一個中國』之主張」。[111]凡此種種，均代表執政黨對「中華民國」國家認同和憲政體制的尊重。陳水扁在就任黨主席第二天，特別以「台灣前途決議文」的七項主張宣示民進黨政府的大陸政策，包括：[112]

---

[109] 民國 81 年 8 月 1 日，國統會第八次會議正式提出了「關於一個中國的涵義」，當中說明「海峽兩岸均堅持一個中國之原則，但雙方所賦予之涵義所不同。中共當局認為『一個中國』即中華人民共和國，將來統一以後，台灣將成其轄下的一個特別行政區。我方則認為，『一個中國』應指 1912 年成立迄今之中華民國，其主權及於整個中國，但目前之治權，則僅及於台澎金馬，台灣固為中國之一部份，但大陸亦為中國之一部分」。

[110] 〈台灣前途決議文〉，民進黨第八屆第二次全國黨員代表大會通過，1999 年 5 月 9 日。

[111] 〈跨黨派小組建議：依中華民國憲法回應一個中國〉，工商時報，2000 年 11 月 27 日。

[112] 〈扁從台灣前途決議文 宣示兩岸政策〉，中國時報，2002 年 7 月 30 日。

（1）台灣是一主權獨立國家，任何有關獨立現狀的更動，必須經由台灣全體住民以公民投票方式決定。

（2）台灣不屬於中華人民共和國，中國片面主張的「一個中國原則」與「一國兩制」根本不適用中國。

（3）台灣應廣泛參與國際社會、加入聯合國及其他國際組織為奮鬥目標。

（4）台灣應揚棄「一個中國」主張，以避免國際社會認知混淆，授予中國併吞藉口。

（5）台灣應儘速完成公民票投法制化工程，以落實直接民權，並於必要時藉以凝聚國民共識、表達全民意志。

（6）台灣朝野各界應不分黨派，在對外政策上建立共識，整合有限資源，以面對中國打壓及野心。

（7）台灣與中國應透過全方位對話，尋求深切互相了解與經貿互惠合作，建立和平架構，以期達成雙方長期的穩定與和平。

陳水扁總統表示，「民進黨的『台灣前途決議文』已經間接處理了『台獨黨綱』問題」，將兩者位階等同，並用新法優於舊法的方式，大體否決黨內企圖修訂、甚至於廢除『台獨黨綱』的聲音。民進黨政府的國家定位由「積極促獨」轉變為「消極反統」，開始張臂擁抱「中華民國」，甚至於在不知不覺中捍衛「中華民國」體制。[113]

在國家定位和憲政體制上，民進黨政府雖然承認「中華民國」，但卻始終刻意淡化，標榜「台灣是主權獨立的國家，國號是中華民國」，並堅持國家未來是統是獨，應該持開放選項，不應預設立場；但國親等在野聯盟而

---

[113] 施正鋒，〈不修台獨黨綱 意在左右討好〉，聯合報，2002 年 8 月 31 日

言，尊重「中華民國」就是基於過去法統、政治現實、和將來國家統一的認可和承諾，主張「一個中國就是中華民國」，目前兩岸應「擱置爭議，各說各話」，未來兩岸則以統一為目標。**台灣朝野在形成大陸政策共識上仍缺乏一致的機制與意見，更遑論兩岸之間**，對中共而言，則認為「中華民國已被中華人民共和國所取代」，倘若承認「中華民國」的存在，無異於等於承認「兩個中國」，這亦是「中華民國」在國際上所面臨到的困境。

3、絕大多數民意的共識

就民意調查而言，主張維持現狀者（永遠維持現狀與現在維持現狀將來再決定統獨）恆佔大多數，如果再加上現在維持現狀，將來再統一或獨立者，更佔絕大多數，約在七、八成以上。（歷年趨勢變化請參考圖3-2）[114]

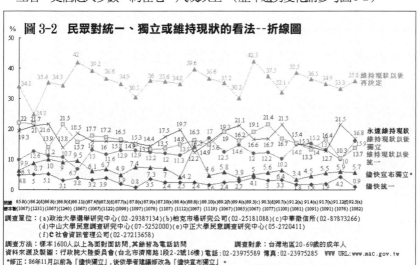

[114] 資料來源，〈民眾對統一、獨立或維持現狀的看法(折線圖)〉，陸委會網站，1996 年 8 月至 2003 年 5 月。

　　根據陳水扁總統發表「一邊一國論」一週後，所做台灣媒體所做的民調，有七成三的受訪者贊成維持中華民國的國號，一成五認為應該改為台灣共和國。[115]顯示支持「中華民國」的民眾，仍有極高的比例，這是民意支持現在國家定位與憲政體制的表徵，也是所有朝野黨派所必須尊重的現實。

　　在台灣民主選舉的議題操作與效應下，**「中華民國」是絕大多數民意的歸向，亦是國內各政黨對國家定位的最大公約數**。任何和中國大陸互惠的經貿關係，都不可能在台灣獨立的情況之下達成。換言之，在形成大陸政策的共識上，「中華民國」應該是穩定的基石，無論哪一個政黨執政，都必須以「台灣維持現狀」、「不走向獨立」與「尊重中華民國主權」為前提條件，謀求兩岸的穩定與和平發展。

　　對中共而言，目前中共對「一個中國」的定義為「台灣和大陸都是中國的一部份」[116]，但**中共必須正視兩岸目前分裂、分治的政治事實，「如果兩岸沒有分裂，又何須追求統一？」**若中共當局能夠把「中華民國」包容進「一個中國」概念裡，例如將「一國兩制」昇化為「一中兩國」觀念，或是放棄「一個中國就是中華人民共和國」的說法，兩岸政治定位僵局或許有解套的可能。但目前看來，僅屬筆者個人願望，期盼有朝一日能夠實現，兩岸問題終有和平解決之際。

---

[115]　〈「一邊一國論」發表一週後民意調查〉，TVBS 民意調查中心，2002 年 8 月 8 日至
　　　9 日

[116]　朱鎔基，〈政府工作報告─２００２年３月５日在第九屆全國人民代表大會第五次
　　　會議上〉，中共外交部網站，2002 月 3 月 16 日。
　　　〈http://211.99.196.217:89/gate/big5/www.fmprc.gov.cn/chn/26802.html〉

第四章　中共對台決策機制

　　在瞭解中共對台政策的內、外環境因素與輸入項,包括了第二章:「中國大陸內部因素」、「國際外部因素」與「台灣因素」,以及第三章:「民進黨執政後的大陸政策政策」之後。本文為探究中共對台政策的產出與變遷,將針對**「中共對台決策機制」**,也就是**「政治系統」**(Political System)部分,進行介紹與剖析。當我們瞭解中共的決策體系架構與決策過程之後,再接續討論「中共對台政策之調整與效果評估」,會比較有清楚的認知。

第一節　中共對台決策機制基本架構

　　中共對台組織基本上可以分為「領導協調機構」、「主要執行機構」、「重點運用機構」與「授權委託機構」。[1]若依性質分,則有服務性、事務性、政策性、經濟性、研究性與情報蒐集性;若依所屬單位則分黨、政、軍、經、新聞、外交、政協、統戰等系統。其中有些單位兼具數種特性,分受不同單位的領導和指導。[2]本章節主要討論中共對台決策機制,因此著重在對決策有影響之單位,包括了**「領導協調機構」**、**「主要執行機構」**。

（一）領導協調機構:

---

[1] 共黨問題研究叢書,〈中共對台工作研析與文件彙編〉,法務部調查局印行,1994 年,頁 24-40。

[2] 蔡瑋,〈中共對台決策組織與決策過程〉,《中國大陸研究》,1997 年,第四十卷第五期。

在中共權力組織系統中，黨的領導高於一切，因此「**中共中央政治局常委會**」，為中共政治結構中最高的權力組織，另外「**中共中央軍事委員會**」的重要性亦不容忽視。就中共對台決策機制而言，「**中共中央對台工作領導小組**」位階最高；在中共中央政治局及其常委會直接領導下，處理對台之領導、協調機構，既有處理日常工作辦事機構的性質，也帶有一定的決策性。

（二）主要執行機構：

在執行機構方面，北京對台工作日益重視，涉台組織亦逐漸有擴大與透明化趨向，對台決策的涉台機構和人員編制亦隨之增加。除了黨、政、軍安全系統的中央統戰部、中央宣傳部、總參、總政、國安部外，國務院系統的國台辦系統和外交部在對台政策上扮演了日益重要的角色。本文主要討論「**中央台灣辦公室與國務院台灣辦公室**」，也就是所謂的「台辦系統」，包括台辦各局、各省台辦與外交部、經貿部、交通部等部門所屬台灣事務辦公室、國安部三局、總參情報部和總政聯絡部所屬有關機構、香港新華分社台灣事務部、省人大常委會台胞工作委員會等。

關於中共對台決策機制基本架構，請參考圖 4-1：[3]

---

[3] 筆者參考共黨問題研究叢書，〈中共對台工作研析與文件彙編〉，法務部調查局印行，1994 年，頁 43-44，自行繪製。

圖 4-1 中共對台決策機制

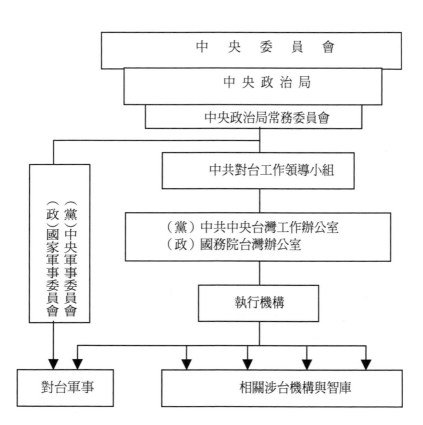

第二節　中共中央政治局常委會與中央軍委會

一、中共最高權力核心：中央政治局常委會

　　根據《中國共產黨章程》第二章「黨的組織制度」第十條第三款規定：「黨的最高領導機關，是黨的全國代表大會和它所產生的中央委員會。黨的地方各級領導機關，是黨的地方各級代表大會和它們所產生的委員會。黨的各級委員會向同級的代表大會負責並報告工作」。[4]中央政治局、中央政治局常務委員會和中央委員會總書記，由中央委員會全體會議選舉。黨的全國代表大會每五年召開一次會議，在七天左右的全國代表大會結束後，「黨代表」事實上就「解甲歸田」，成為一種「榮譽稱號」，**中共真正的權利核心，是位處金字塔頂端的政治局和常委會。**[5]

　　中共中央政治局常委會成員並無定數，十二大 6 人，十三大 5 人，十四大和十五大均為 7 人，十六大則為 9 人。成員涵蓋中共政權黨政軍各部門的領導人，包括：黨的總書記、國家主席、副主席、中央軍委主席、中紀委書記、國務院總理、副總理、全國人大委員長、全國政協主席。**中共中央政治局和它的常委會，是中央全會閉會期間黨的最高決策核心。**其地位是中共領導集體的核心，因此人事異動動見觀瞻。

　　中共十五大選出中央政治局委員 22 人，候補委員 2 人，共計 24 人。其成員可概分為六大系統：黨務系統 6 名（包括總書記、書記處書記、中

---

[4] 《中國共產黨章程》，中國共產黨第十五次全國代表大會部分修改，1997 年 9 月 18 日通過。

[5] 朱建陵，〈政治局常委會 中共真正的權力核心〉，中國時報，2002 年 11 月 13 日。

紀委書記)、國務院系統 6 名（包括總理、副總理、國務委員）、人大系統
4 名（包括全國人大委員長、副委員長）、軍事系統 2 名（中央軍委副主
席）、政協系統 1 名（全國政協主席）、地方系統 4 名（包括北京、上海、
山東、廣東省市委書記）。中央政治局常委依序為江澤民、李鵬、朱鎔基、
李瑞環、胡錦濤、尉健行、李嵐清七人。[6]

中共第十六屆黨代表大會共選出中央政治局委員 24 人，候補委員 1
人，共計 25 人。依筆畫姓氏排名為王樂泉、王兆國、回良玉(回族)、劉
淇、劉雲山、李長春、吳儀(女)、吳邦國、吳官正、張立昌、張德江、陳
良宇、羅幹、周永康、胡錦濤、俞正聲、賀國強、賈慶林、郭伯雄、黃菊、
曹剛川、曾慶紅、曾培炎、溫家寶；候補委員為王剛。**中共第十六屆中央
政治局常委依序為胡錦濤、吳邦國、溫家寶、賈慶林、曾慶紅、黃菊、吳
官正、李長春、羅幹 9 人。**九人的職務與經歷整理如下：[7]

表 4-1、中共第十六屆中央政治局常委職務、經歷一覽

姓名	出生年	學歷	現任職務	重要經歷
胡錦濤	1942	清華大學水利系	中共國家主席中央軍委副主席	➤ 政治局常委、國家副主席、中央軍委會副主席、中央黨校校長、十二屆五中增選為中央委員；十三大中央委員、十四大政治局常委、中央書記處書記；共青團十一屆中央書記處第一書記；貴州省委書記、西藏自治區黨委書記；中央黨校校

---

[6] 中共中央政治局委員名單請參考，〈中國共產黨第十五屆中央委員會〉，1997 年 9 月
19 日中共十五屆一中全會通過，華夏經緯網。〈http://big5.huaxia.com/15da.html〉
[7] 資料來源，〈中共重要人事任免〉，新華網。
〈http://www.xinhuanet.com/newscenter/rsrm.htm 〉

				長；國家副主席
吳邦國	1941	清華大學電子系	中央政治局常委中央企業工委書記全國人大委員長	➢ 政治局委員、副總理、十二大、十三大候補委員、十四大政治局委員、中央書記處書記；上海市委書記、副總理
溫家寶	1942	北京地質學院碩士	中央政治局常委中央金融工委書記國務院總理	➢ 政治局委員、中央書記處書記、副總理、十三大中央委員、十四大政治局候補委員；中共中央辦公廳主任、中央書記處書記
賈慶林	1940	河北工學院	中央政治局常委全國政協主席	➢ 政治局委員、北京市委書記、十四大中央委員、福建省長、福建省委書記
曾慶紅	1939	北京工業學院自動控制系	中央政治局常委中央書記處書記中央黨校校長國家副主席	➢ 政治局候補委員、中央書記處書記、中央組織部部長、江澤民辦公室主任、中央辦公廳主任、中央對台工作領導小組成員；中央政治局候補委員
黃菊	1938	清華大學	中央政治局常委國務院副總理	➢ 政治局委員、上海市委書記、十三大中央候補委員、十四大中央委員、十四屆四中增補為政治局委員；上海市長
吳官正	1938	清華大學動力研究所碩士	中央政治局常委中央紀檢委書記	➢ 政治局委員、山東省委書記、武漢市委書記、江西省長、江西省委書記、十三大中央候補委員、十三、十四大中央委員
李長春	1944	哈爾濱工業大學電機系	中央政治局常委	➢ 政治局委員、廣東省黨委書記、十二大中央候補委員、十三、十四大中央委員；瀋陽市委書記兼市長、遼寧省長、河南省長及省委書記
羅幹	1935	東德礦冶學院	中央政治局常委中央政法委員會書記	➢ 政治局委員、國務委員、中央書記處書記、中央政法委書記、十二大候補委員、十三、十四大中央委員；河南省委書記、勞動部部長、國務院秘書長

在對台工作上，新的政治局常委胡錦濤、吳邦國、溫家寶、賈慶林、曾慶紅、黃菊、吳官正、李長春、羅幹等九人，其中，賈慶林原任福建省委書記，對台工作本來就是其業務範圍；曾慶紅長期在江澤民身方參與對台工作；黃菊主政上海，而上海為台商聚集重鎮，他本人不但常和台商接觸，且跟台灣的政治人物有著親戚關係；吳官正在山東、李長春在廣東，均是台商分佈較多的省分，接觸台商的經驗也不少。整體而言，**第四代領導人比第三代領導人跟台灣有更多的連繫，也比較熟悉對台工作。**[8]

二、槍桿子出政權：中央軍事委員會

中共在十六屆一中全會決定新一屆八名中央軍委會成員，除繼續留任軍委主席的江澤民外，另有七名軍委成員，與上屆軍委會十一名成員相較，減少了三席軍委席次，同時這次未包括現任國防部長及總參謀長重要軍職成員。

江澤民擔任軍委主席，其他軍委會成員，副主席張萬年、遲浩田、傅全有、于永波、王克、王瑞林均由於屆齡退下，胡錦濤則為第一副主席，留下六十七歲的總裝備部部長曹剛川、六十歲的常務副總參謀長郭伯雄、五十九歲的總政治部常務副主任徐才厚三人。

另外再加入六十二歲的南京軍區司令員梁光烈、六十歲的總裝備部政委李繼耐、六十歲的成都軍區司令員廖錫龍等三人。[9]除江澤民與胡錦濤外，下表分別就中共新的中央軍委會委員背景經歷做一概況介紹：

---

[8] 董立文，〈十六大後的兩岸關係〉，《和平論壇》，戰略研究，2002 年 11 月。〈http://www.dsis.org.tw/peaceforum/symposium/2002-11/MP0211003.htm〉

[9] 〈中央軍事委員會主席、3 名副主席、4 名委員名單〉，華夏經緯網，2002 年 11 月 15 日

表 4-2、中共十六大後中央軍委會成員與背景經歷一覽[10]

成員名單	背景經歷
主　席：江澤民	
第一副主席：胡錦濤	
副主席：郭伯雄	➤ 始終在軍事指揮系統工作，一九八二年至一九九二年在蘭州軍區擔任作戰部副部長、副參謀長、集團軍軍長；一九九三年擔任北京軍區副司令員，一九九七年擔任蘭州軍區司令員，在七大軍區司令員中擁有年齡優勢，與徐才厚同時，升任常務副總參謀長，成為軍委委員。
副主席：曹剛川	➤ 自一九九八年三月擔任總裝備部部長，掌管中共軍隊武器裝備，接受過蘇聯炮兵工程技術訓練，一九五七年二十二歲時在蘇聯炮兵工程學院受訓六年，畢業後一直在總後勤部、總參謀部服務。一九九八年轉往總裝備部，並升任中共中央軍委委員。
委　員：徐才厚	➤ 籍貫遼寧省復縣，出身中共幹部家庭，「血統純正」讓他能進入哈爾濱軍事工程學院，哈爾濱軍事工程學院是中共高幹子弟特權學校。他一直從事軍中政工職務，一九九八年調任濟南軍區政委，九九年升任總政治部常務副主任，並進入中央軍委。
委　員：梁光烈	➤ 四川三台人，有兩個大軍區司令員的資歷，原任瀋陽軍區司令員，二〇〇〇年五月調任南京軍區司令員，負責對台防務。他有集團軍軍長、北京軍區副司令員的經歷，早在一九八七年四十七歲時，就是中共候補中委，為中共精心栽培的軍中接班人之一。南京軍區掌轄江蘇、浙江、安徽、江西、福建五個省軍區和上海警備區，隔海與台灣對峙。梁光烈調任南京軍區不到兩個月，便訪問美軍太平洋總部，與司令官布萊爾上將會談，顯示他角色突出。
委　員：廖錫龍	➤ 一九四〇年生，貴州思南縣人，一九五九年參加共軍，一九六三年加入共產黨，軍中歷練完整，一九八五年擔任成都軍區副司令員、司令員。
委　員：李繼耐	➤ 一九四二年生，山東滕州人，一九六一年進入哈爾濱工業大學就讀，一九六五年加入共產黨，一九九〇年出任總政治部副主任，一九九八年出任總裝備部政委。

---

[10] 〈十六大後中共軍事將領面臨大換血〉，中央社新聞，2002年11月16日。

第三節　中共中央對台工作領導小組

中央政治局下則設分口把關的「小組」，例如處理涉外事務的「中央外事領導小組」、研議財經政策的**「中央財經領導小組」**，以及有關台灣工作的「中央對台工作領導小組」，主要透過黨小組的運作以統一領導事權，屬於以任務編組的跨部會政策協調、研擬機構，對政治局及其常委會負責，並發揮最高決策與協調功能。[11]中共對台政策的制定，是由中共中央對台工作領導小組負責，該小組成員也是中共對台人事的核心。

中共中央各種小組的成員名單，向來未曾向外界公布，原本中共「對台工作領導小組」成員計有八人，分別代表黨務、外事、台辦、軍情、國安與統戰系統，其中不僅顯示中共處理涉台事務的六大系統，且在一定程度上反映江澤民人馬主導之特質。有「國師」之稱的汪道涵，以及素以江澤民親信智囊著稱的曾慶紅即為實例。此外，主管「對台小組」常務工作的「副組長」錢其琛則是外事系統代表性人物，其在「對台小組」運作具有舉足輕重影響力。表 4-3 為「十六大」前中共對台領導小組之成員與職位：

---

[11] 嚴家其，「中國大陸地區的政治制度」，行政院大陸委員會，1991 年，第 15-16頁。

表 4-3、江澤民時期--中共中央對台工作領導小組成員與職位[12]

職　務	成　員	主要職位	出生年	代表系統
組　長	江澤民	中央委員會總書記 中央軍事委員會主席 國家主席 中央政治局常委	1926	黨務系統
副組長	錢其琛	國務院副總理 中央政治局委員	1928	外事系統
成　員	汪道涵	海協會會長	1915	台辦系統
	曾慶紅	書記處書記 中央候補委員	1939	黨務系統 （書記處分管）
	熊光楷	解放軍副總參謀長 中央候補委員	1939	軍特系統
	許永躍	國家安全部部長 中央候補委員	1942	國安系統
	陳雲林	中共中央台辦主任 中央委員	1941	台辦系統
	王兆國	全國政協副主席 統戰部部長 中央委員	1941	統戰系統

　　２００２年十一月十六大之後，胡錦濤接任中共總書記與國家主席、溫家寶任國務院總理；２００３三月人大與政協會議後，以功能取向的黨內對台工作小組，肯定會有人事易動，各小組的成員也就必須隨著高層人士調整而有所異動。根據國台辦副主任周明偉的說法[13]，中共中央對台工作領導小組是黨內的決策組織，在２００２年中共十六大人事更迭之後，就開始著手進行中共對台領導小組的成員調整。體制上胡錦濤就是該小組

---

[12] 資料來源：中共中央文獻研究室，《中共第十五屆中央委員中央紀律檢查委員會委員名錄》，北京：中共中央文獻出版社，1999 年 3 月。

[13] 〈採訪兩會台灣記者招待會〉，2003 年 3 月 13 日。

的負責人，所有成員在中共政府人事底定後陸續明朗化。

以「對台小組」領導成員之權位而論，組長與副組長一職皆須有實權之角色才有可能擔負指揮與協調之職能。在２００２年初的紀念「江八點」七週年大會，由胡錦濤擔任主席，曾慶紅陪同主持，顯示胡基於接班需要，逐漸參與小組熟悉對台政策之運作。[14] 根據２００３年的聯合報刊載，**研判中共對台工作領導小組的改組名單**如下：[15]

表 4-4、研判中共對台工作領導小組新人事名單

職　務	成　員	主要職務	新任或留任
組　長	胡錦濤	中共中央總書記 國家主席 中共軍委第一副主席 中央政治局常委	新任（接替江澤民）
副組長	賈慶林	政協主席 中共中央政治局常委 （曾任福建省省長）	新任（接替錢其琛）
成　員	郭伯雄	中央軍委副主席 中央政治局委員	新任（接替張萬年）
	唐家璇	國務院國務委員 中共中央委員 （曾任中共外交部部長）	新任（接替錢其琛）
	劉延東 （女）	中共中央統戰部長 政協副主席 中共中央委員	新任（接替王兆國）
	許永躍	國家安全部長 中共中央委員	留任
	陳雲林	中台辦與國台辦主任 中共中央委員	留任

[14] 〈紀念江澤民主席「為促進祖國統一大業的完成而繼續奮鬥」重要講話發表七週年座談會舉行〉，人民日報，2002 年 1 月 25 日，第一版。
[15] 〈中共對台小組改組，胡錦濤任組長〉，聯合報，2003 年 5 月 19 日。

	汪道涵	海峽兩岸關係協會會長	留任
	熊光楷	副總參謀長 中共中央候補委員	留任

根據上述九人名單，基本上可謂「正常異動、功能性安排」，和原本的八名成員相較，中共新組建之「對台小組」仍將由黨務、台辦、外事、軍情、國安與統戰系統所組成。包括總書記、軍委副主席、外交、港務、僑務工作負責人，以及統戰部長、國安部長、台辦主任、海協會長與軍方情報部門首長，**延續江澤民主政期間的對台決策模式，未來在處理台灣問題上，基本上仍將依循江時代的對台政策和方針。**[16]

其次，由政協主席賈慶林擔任對台工作小組副組長，應該有其特定意涵，過去的副組長錢其琛為國務院副總理、中共中央政治局委員；而賈慶林則是政協主席、政治局常委，在黨、政兩方面的位階都高於以往。其次是賈慶林在１９８５至１９９６年在福建省工作長達十一年之久，有和台灣人士、台商接觸的豐富經驗。加上以政協主席的身份擔任對台小組副組長一職，顯示中共將進一步加強對台統戰工作。

繼續擔任中共中央和國家軍委主席的江澤民，在「兩會」之後，仍將繼續主持外交、軍事和對台的決策大權。在「江－胡體制」決策分工和權力交叉的特點下，對台政策仍將繼續突顯江體制的特色，涉台部門的主要人事仍將尊重江體制的主觀意志，與江澤民關係密切的賈慶林與陳雲林身處對台領導小組中可為佐證。由於具備錢其琛在外事系統中之實力與威望者難覓，未來外事系統領導人能否承擔「對台小組」協調與統合重任便面

---

[16] 〈中共對台政策 可望延續江八點路線〉，中國時報，2002 年 11 月 16 日。

臨挑戰。[17]另外高齡八十八歲的汪道涵留任，相當程度上意味中共刻意保留兩岸復談與對話管道，不願輕易抹煞辜汪會談的歷史與象徵意義。

第四節　中台辦與國台辦

「中共中央台灣工作辦公室」（簡稱「中台辦」）是中共黨務系統涉台辦事機構，對外則稱**「國務院台灣事務辦公室」**（簡稱「國台辦」）。國務院台灣事務辦公室是根據中共國務院１９８８年九月九日第２１次常務會議決定成立的國務院辦事機構，是國務院直屬事業單位。１９９１年三月中共國務院機構改革決定，國務院台灣事務辦公室與中共中央台灣工作辦公室一個機構兩塊牌子，列入中共中央直屬機構序列（以下合稱「台灣辦公室」）。１９９３年三月，中共「八屆全國人大」批准「國務院機構改革方案」，將「國台辦」排除在國務院的辦事機構之外，性質與「外事辦」、「僑務辦」有所不同。[18]

中共對台系統是一個組織龐大的官僚行政體制。「台灣辦公室」直屬中央國務院，以各種不同的組織型態存在或依附在中央到地方各個行政機構中。[19]中台辦和國台辦人事合併後，人數增加到一百人左右，對外仍同時懸掛中台辦與國台辦兩塊牌子，兩個台辦的合併，實際上並未改變大陸相關機構對台灣情勢調研、聯絡統戰、政策建議方面重複研究、多頭經營、各有所司的情況。１９９０年十一月，福建省長王兆國出任兩辦主任，是

---

[17] 〈辜汪會談十週年唐家璇角色值得注意〉，中央社，2003 年 4 月 25 日。

[18] 共黨問題研究叢書，〈中共對台工作研析與文件彙編〉，法務部調查局印行，1994 年，頁 26。

[19] 曹俊漢，〈錢其琛談話，誰誤判形勢〉，國政研究報告，2002 年 2 月 8 日。

中共為因應兩岸互動趨於頻繁，在處理兩岸關係決策、執行事宜上統一步調的重大舉措。由不具軍情背景的王兆國出任台辦，跟北京從１９９０年開始的對台政策寬鬆調整，亦有互相配合的明顯意圖；１９９７年一月起則由陳雲林接替國台辦主任一職。

中共的「台辦系統」，主要是遵循黨中央和國務院制定的方針、政策，負責管理、指導、協調國務院有關部門和省、市、自治區人民政府在經濟、科技、教育文化等方面涉台事務；對各部門、各地區貫徹執行中央、國務院方針、政策的情況進行督促檢查，組織制定涉台事務的有關政策、規定。[20]基本上，台灣辦公室的主要職責分述如下：

一、台灣辦公室的主要職責[21]

1、研究、擬訂對台工作方針政策；貫徹執行黨中央、國務院確定的對台工作的方針政策。

2、組織、指導、管理、協調國務院各部門和各省、自治區、直轄市的對台工作；檢查瞭解各地區、各部門貫徹執行黨中央、國務院對台方針政策情況。

3、研究台灣形勢和兩岸關係發展動向；協調有關部門研究、草擬涉台的法律、法規,統籌協調涉台法律事務。

4、按照國務院的部署和授權，負責同台灣當局及其授權社會團體談判及簽署協定文件的有關準備工作。

---

[20] 資料來源，人民網網頁，
〈http://www.unn.com.cn/BIG5/channel2567/2600/2601/200111/20/127722.html〉
[21] 資料來源，中共國務院台灣事務辦公室網頁，
〈http://www.gwytb.gov.cn/tbjs/zyzz.htm〉

5、管理協調兩岸通郵、通航、通商事務;負責對台宣傳、教育工作和有關台灣工作的新聞發佈;處理涉台的重大事件。

6、會同有關部門統籌協調和指導對台經貿工作和兩岸金融、文化、學術、體育、科技、衛生等各個領域的交流與合作;以及兩岸人員往來、考察、研討等工作;以及國際會議的涉台工作。

7、完成國務院交辦的其他任務。

二、台灣辦公室的內設機構

根據工作職責,國務院台灣事務辦公室設八個職能局和機關黨委,分別是:秘書局(人事局)、綜合局、研究局、新聞局、經濟局、港澳涉台事務局、交流局、聯絡局,機關黨委。各機構所負責的工作整理如下表所示:

表 4-5、「臺灣辦公室」機構與負責工作[22]

機構	負責工作
秘書局	➤ 負責協調機關日常工作;承辦文電、秘書、會議、來信來訪、保密、通信、資訊工作;負責檔案、報刊、圖書、資料工作及後勤管理等工作。
人事局	➤ 負責機關人員的考核、任免、調配、勞資和所屬事業單位的機構、人員編制工作;組織指導本辦及全國對台工作系統幹部的培訓、教育工作。
綜合局	➤ 負責承辦海峽兩岸關係協會的日常工作;協調有關部門處理涉台的突發事件等有關問題;管理台屬及台胞捐贈工作。
研究局	➤ 負責研究台灣局勢和兩岸關係形勢,提出形勢報告和工作建議,指導並協調中央和地方有關部門的對台調研工作。

---

[22] 資料來源,中共國務院台灣事務辦公室網頁,
〈http://www.gwytb.gov.cn/tbjs/nsjg.htm〉

新聞局	➢ 負責協調對台新聞宣傳工作, 承辦涉台新聞發佈的具體工作; 協同有關部門對幹部、群眾進行中央對台方針政策的宣傳教育。
經濟局	➢ 負責協調和指導對台經濟工作; 做好對台資企業的相關管理與服務工作; 負責受理台資企業的經濟糾紛並提供服務。
港澳涉台事務局	➢ 負責協同有關部門處理香港特別行政區、澳門特別行政區涉台工作中有關事務。
交流局	➢ 負責審批並管理和協調兩岸文化、影視、學術、教育、衛生、體育、民族、出版、宗教等交流事宜; 負責大陸人員因私赴台管理工作。
機關黨委	➢ 負責機關黨的思想、組織、作風建設和紀律檢查工作, 領導機關精神文明建設, 以及工、青、婦等工作。

三、台灣辦公室的組織與人事

目前組織人事中共設有主任一人、副主任四人、主任助理二人（參見表 4-6）。由於近年對台工作繁劇, 台灣政局預判失誤頻傳, 加上對台系統政治紀律森嚴、成員素質良莠不齊, 因而導致中央「台辦系統處理涉台事務常陷於被動的局面, 作為台辦系統負責人陳雲林難免成為攻訐的對象。此外, 對台事務本身不是陳雲林的專業（曾任職企業廠長與黨政系統）, 加之對台經貿是當前對台政策較具操作空間之策略; 選擇年輕且專業化人才, 亦是當前中共政治菁英甄補之取向, 目前「國台辦」副主任與台辦系統內, 不乏具備此種條件之人才。因此「十六大」後台辦系統領導階層人事改組並非不可能, 下表是十六大前台辦系統的人事與分管業務：

表 4-6、「台灣辦公室」的組織與人事[23]

現　職	成　員	分管業務	備註（出生年）
主　任	陳雲林	綜理台辦業務	1941
副主任	李炳才（常務）	經貿/綜理業務	1945
	王富卿	秘書	
	周明偉	新聞（中美台關係）	1955
	王在希	研究	1947
主　任助　理	孫亞夫		1952
	張銘清		1945
秘書局	張懷君	秘書、總務與行政業務	
綜合局	李亞飛	「海協會」相關事務	
研究局	孫亞夫	涉台研究事務	
新聞局	張銘清	涉台新聞事務	
經濟局	何世忠	涉台經貿事務	
港澳局	魏尤龍	港澳事務	
交流局	張啟勝	兩岸交流交往業務	
聯絡局	袁祖德	台灣重點人物聯繫與接待	

　　由於涉台工作不僅須處理複雜的台灣政治生態變遷，更須具備國際事務經驗，才能有效因應未來更尖銳的對台工作挑戰。尤其是美國在兩岸關係互動中關鍵性的角色，國際宣傳亦須以外語作為溝通工具。明顯的，對台系統成員結構、思想老化與官僚化，亦是對台工作開展之制約因素。

　　陳雲林於１９９７年一月擔任國務院台灣事務辦公室主任至今。原先傳出陳雲林倦勤而將有所異動，但一方面考量對台政策的穩定性，多年來陳雲林已在「對台政策」方面深有了解，在中共當局領導權力交替之際，需要有對台政策全面掌握、了解情況的人繼續執行。加上繼任人選尋覓不

23　〈國務院台灣辦公室領導簡介〉，中共國務院台灣事務辦公室網頁。
〈http://www.gwytb.gov.cn/tbjs/ldjj.htm〉

易，因此陳雲林的職務短期內應不至於變動，也說明了對台政策在「十六大」後不會有大幅改變的癥兆。

　　未來「國台辦」負責人恐不會自傳統官僚中篩選，而是以具專業、國際歷練與年輕化作為取捨標準。「國台辦」副主任王富卿為擔任內勤之官僚，不可能擔任正職，升任副主任是為了做退休準備。若以條件論，現年47 歲「國台辦」副主任周明偉則有可能入選。此外，目前擔任「國台辦」常務副主任李炳才的經貿專業，年齡因素，以及與江澤民的人脈關係，亦不失為可能接替人選。

第五節　中共涉台智庫

　　研究中共涉台智庫可說是瞭解中共決策思維的途徑之一，中共早期運用智庫的機會相當少，很少從制度層面徵詢智庫單位的意見。八〇年代以後，政治學、經濟學、社會學的學術研究逐漸受到重視，才開始有智庫單位出現。智庫單位提供政策建議，屬於較外圍的對台組織，負責撰寫常規性的報告，這些報告作為參考、提供方案與各種備案的性質比較大。真正做決策的則是領導協調單位。

　　在政策諮詢單位裡面，專業政策機構被諮詢的可能性要大於對台機構。比如法律研究所、或者經濟研究所、政治研究所，他們能給一些專業的建議而不受到與台灣交流的這種影響，能夠真正站在中國大陸自己的戰略需要與戰略角度，提出學術性建議。中共領導人再結合台辦或智庫體系所做的涉台建議，揉合出他們認為最恰當的對台政策。研究中共對台智庫可以分別由幾個面向進行，包括研究機構的性質、所屬地區、影響力大小、

不同歸屬、以及人的屬性等。[24]本文主要按照智庫的地域與性質劃分，介紹中共涉台智庫。

一、依智庫地域劃分

基本上，如果以地域劃分，「**北京主戰，上海主和，廈門主降**」，頗能傳神地反映大陸南北各地智庫對涉台研究的政治立場與心態。[25]在涉台智庫中，例如社科院台灣研究所、上海市政府的台灣研究所、廈門大學的台灣研究所等等，他們的任務就是跟台灣接觸或者直接到台灣來，提供情報或資訊蒐集，遠大於諮詢智庫角色，真正能做的建議比較有限。按照地域劃分，以下分別列舉其特性與代表智庫：

（一）北京涉台智庫

以中國社科院台研所、海研中心、全國台灣研究會、改革開放論壇與和平與發展研究中心等黨政軍研究機構為主軸的北京涉台智庫，長期以來，在對台決策領域，始終扮演強硬、激進的反獨角色，並能體察對台工作的基調，籌謀獻策不脫對抗思維。因此，在「政治正確」戰略指導下，「北京主戰」的幕僚形象，特別凸顯，以**北京「中國社科院台研所」**為例：

北京「中國社科院台研所」成立於１９８４年九月，是目前中國大陸最具規模的台研單位。該所有工作人員九十餘人，其中高級研究人員二十人。主管單位名義上是中國社科院，但有不少學者、記者均曾指出，中共國安部才是真正的主管機關。該所內設政治研究室、經濟研究室、對外關

---

[24] 蔡瑋，《中共的涉台決策與兩岸關係發展》，台北：風雲論壇出版社，2000年，頁84-85。

[25] 〈大陸涉台智庫 興起民進黨研究熱 南北差異甚大〉，大紀元時報，2002年4月4日

係研究室、綜合研究室、人物研究室、科研室與資料室。從需求面觀之，由於北京是中共對台工作的決策中心，因此有必要設立專責的台研機構，負責相關的台灣情報蒐集、研判、彙整。在北京當局的支持下，該所另成立了「全國台灣研究會」，由所長出任副會長兼秘書長，負責實際會務，使該所地位有顯著的突出效果。[26]

（二）上海涉台智庫

以汪道涵幕僚群為核心的上海智庫，包括上海台研所、台研會、亞太所，以及章念馳、陳啟懋等學者，近年在對台決策過程，發揮了極為特殊的作用。尤其，上海幕僚群倡議「平等協商，共議統一」的和談基調，積極與民進黨人士接觸的交往策略，雖未躋身對台工作核心，卻也塑造了「上海主和」的決策印象。以「**上海台研所**」為例：

「上海台研所」是一個事業性學術機構，經上海市政府機構編制委員會批准，編制為三十人，經費由上海市財政局下撥。主管單位為上海市政府台灣事務辦公室。內設政治研究室、兩岸關係研究室、經濟研究室、法律研究室、辦公室與資料室。除了汪道涵大力支持外，上海市政府更是其主要支柱。上海作為通商大埠，確有爭取台商與台資的需求。[27]

（三）南方涉台智庫

從大陸涉台決策智庫的政治思維來看，「廈門主降」的鮮明比喻，其實是相對於「北京主戰」的極端評價。南北各地的涉台學者，雖然對台思

---

[26] 周繼祥教授主持，《大陸台研單位對台灣政治生態的研究之現況分析—以北京、上海、廈門台研單位為例》，行政院大陸委員會委託研究計畫，2002年4月，頁 9-10。

[27] 同前引註，頁 15-16。

維的本質，差異不大，但南方涉台學者的研析與解讀台灣政經動態的能
力，基本比北京智庫來得務實、理性，並不致侷限於二元思考，動輒建議
以武力威嚇，或訴諸情緒對抗。以**「廈門大學台灣研究所」**為例：

　　素有南方涉台研究重鎮之稱的廈大台灣研究所，由於與台灣地緣關係
密切，對台研究起步最早，研究領域既深且廣。加以台廈語言、風俗、文
化接近，對台灣朝野政經人脈的研究與掌握，獨佔鰲頭，其他涉台智庫，
難以望其項背。所發行的《台灣研究集刊》是中共高校系統內唯一向海內
外公開發行的台灣研究學術刊物。[28]

　　廈大台研所雖是廈大的所屬單位，但除了教育當局外，並經最高決策
機關批准，現有科研編制三十三人，資料、行政、技術編制十人。２０００
０年一月，在中共教育部的支持下，廈大台研所吸收校內外的台灣研究專
家，組成了「廈大台灣研究中心」，成為全國高校有關台灣研究的學術交
流和資料信息中心，使廈大台研所除了形勢上提升了地位，實質上亦增加
了經費與資訊的豐富性。[29]

二、依照智庫性質劃分

　　中共幾乎所有涉外部門都設有專屬智庫，依功能可分為三種：一為學
術或政策研究，如中國社科院；亦有從事人員交流者，如中國人民外交學
會(CPIFA)、中國國際友好聯合會(CAIFC)；另有專事幕僚工作者，負責黨

---

[28] 資料來源，人民網網頁
　　〈http://www.unn.com.cn/BIG5/channel2567/2600/2602/200111/21/127998.html〉
[29] 周繼祥教授主持，《大陸台研單位對台灣政治生態的研究之現況分析─以北
　　京、上海、廈門台研單位為例》，行政院大陸委員會委託研究計畫，2002
　　年4月，頁19-22。

中央委員會外事領導小組(FALG)、政治局等核心決策單位之協調；此外，解放軍轄下亦有類似之幕僚組織。**朱雲漢教將涉台智庫分為外事、台辦、統戰、國安、解放軍與上海地區五大系統。**[30]在中共涉台智庫方面，以下分別就外交政策與國際關係、軍事、與經貿智庫三個類別，介紹中共涉台智庫的現況發展。

（一）外交政策與國際關係方面

中共外交部有台辦、有國際問題研究所，比如說外交學院的蘇格，現任國關所副所長，以及王輯思、資中筠等人，在中共對美涉台部分，這些學者往往佔有重要角色。某些智庫的影響力來自其於政府體制中的地位，如現代國關所是中共民間智庫中唯一可取得黨、政、軍方文件的單位，中國國際問題研究所與外交學院的國際關係研究所則是外交部系統內的決策組織，故即使有人員的異動，也不會影響其地位。[31]

其中僅少數智庫可例行提供分析與政策建議給領導與決策者，如中國國際問題研究所、外交學院國際關係研究所、中國現代國際關係研究所、台灣研究所、中國社科院、中共中央黨校等。David Shambaugh 在〈中國的國際關係智庫：演進中的架構與過程〉一文中，分別針對中共國際關係智庫做概刮介紹，茲整理如下：[32]

---

[30] 朱雲漢，《中共對台智庫角色之研究》，台北：行政院大陸委員會專案研究報告，1995 年，頁 1。

[31] 〈大陸民間的外交政策研究機構：演進中的角色與日益增加的影響力〉，Bonnie S. Glaser and Phillip C. Saunders,*Chinese Civilian Foreign Policy Research Institutes: Evolving Roles and Increasing Influence,* **The China Quarterly**, Volume 171, September 2002,597-616.

[32] 資料來源：〈中國的國際關係智庫：演進中的架構與過程〉。David Shambaugh，*China's International Relations Think Tanks: Evolving Structure*

1、中國現代國際關係研究所(CICIR)：

為中共於該領域歷史最悠久的智庫之一，但自 1999 年歸於中共中央委員會外事處及國務院國家安全部管轄後，在由外交部主導的決策體系下，影響力日微。該所工作主軸偏重於中外領袖互訪之前導研究，包括可能對談者之背景、政治立場、歷來國際互動情形、以及對兩岸關係之公開宣示等。該所競爭優勢為擁有龐大之研究人員(約 400 名，包括 150 名資深研究員)，但共黨色彩濃厚，以及自我定位為調查抑或獨立研究機構之走向尚不明確，為其發展的瓶頸所在。發行刊物：「現代國際關係」。

2、中國國際問題研究所(CIIS)：

直屬外交部，近年來政策影響力日增。CISS 研究團隊年輕具開放性，成員多來自留學美國之博士、前國際問題研究中心(原隸屬國務院，98 年與 CISS 合併)學者、北大國際事務學院畢業生等。該所著重中長期議題分析，與 CICIR 重短期之研究方向有所區別；該所研究能量強，為外交部培養之「二軌」單位。刊物：「國際問題研究」。

3、中國人民對外事務研究所(CPIFA)：

該所本質上並非智庫定位，而是外交部之分支機構，專責非現職元首、官員、大使來訪事宜。刊物：Foreign Affairs Journal（英文版）

4、中國國際友好聯合會(CAIFC)：

同時受軍方及行政體系管轄，但軍方色彩濃厚；主管和平與發展研究中心。

---

and Process, ***The China Quarterly***, Volume 171, September 2002, 575-596.

6、新華世界事務中心(XCWA)：

該中心以提供國際新聞資訊為主，研究焦點雖在大國與印度問題，但實際上研究性不強。其每日出刊之「參考資料」(Reference News)，編譯重大國際新聞事件呈供領導階層及行政官員參考。

7、台灣研究所(Institute of Taiwan Studies)：

為中共對台事務之重要智庫，具有相當之政策影響力，參與「2000 年台灣白皮書」之草擬。

8、中國戰略與管理研究會(CSSM)：

該會成立之初原隸屬於國務院外事辦，隨後管理權轉至經改所(Economic Reform Institute)，但該所於天安門事件後遭到撤除。目前該會財源及行政支援主要來自企業界、政府部門等，獨立性較高，不過由其高階名單可見，該會與軍方及官僚體系仍有相當之淵源。刊物：戰略與管理。

10、上海國際問題研究中心(SCIS)：

該中心附屬於上海國際問題研究所(SIIS，屬上海市政府)，亦是前上海市長汪道涵的幕僚單位。該會在研究資訊分享、擬定政策報告上頗有成效，亦提供在滬企業國際景氣諮詢。

11、上海國際問題研究所(SIIS)：

SISS 擁有 80 名專職研究員(含 20 名資深研究員)，其於中東及美國研究領域上素負聲名。該所財源主要來自上海市政府，但與外交部、江澤民辦公室關係頗為密切；相較於北京政策智庫不免受黨政路線拘束，該所態度則相當開放。刊物：多本期刊及每年出版之「世界形勢年鑑」。

> **12、上海社科院(SASS)：**
>
> SASS 於區域研究上具有卓越之學術地位，政策定位較不明顯。
>
> **13、中國社科院(CASS)：**
>
> 中國最重要之學術機構，研究範疇橫跨社會科學之各項領域，擁有 3,200 名專職研究員，員工總數超過 4,000 名，轄下並設有一附屬研究所。在國際事務領域中，該院設有一綜合研究中心「世界經濟與政治研究所」、7 個區域研究所、以及台灣研究所。該所以學術研究、而非政策為導向；美國研究所下之「武器控制中心」為較具政策色彩者。

（二）軍事相關智庫

軍方智庫隨著歷史進展而發展，現在的智庫不像過去那麼囿於意識形態，顯得較有彈性、創造性及務實。以研究國家安全議題為主的智庫及其他相關研究單位都隸屬於某一特定政府部門，一些隸屬於人民解放軍或解放軍內部設置的研究單位同時具有情報、學術交流及研究的功能。以下列舉中共軍事方面的相關智庫：[33]

> **1、中國國際戰略問題研究學會：**
>
> 中國國際戰略問題研究學會不只是研究台灣問題，而是包括整個國際戰略，結合外交官與退休將領，針對戰略平衡與國際關係中許多

---

[33] 資料來源：〈中國大陸軍方相關智庫及研究機構〉。Bates Gill and James Mulvenon, *Chinese Military-Related Think Tanks and Research Institutes*, *The China Quarterly*, Volume 171, September 2002, 617-624

層面進行研究，為中共軍方主要情報分析單位，亦是中國軍方與外國專家的聯繫窗口。直屬總參二部，該會會長一般都是總參謀部部長，成員包括退休情報官、情報員及便衣研究員。主要負責外部威脅的研究，包括外國在亞洲的軍事能力（特別是美國）。「國際戰略研究」為該會公開出版品。

2、和平與發展研究中心(CPIFA)：

隸屬總政聯絡部，且受中國對外友聯會管轄，主要研究重點為台灣議題，港澳情報及戰略分析亦是強項。成員除少數的全職研究員外，另有從中國社科院聘僱的約聘人員。包含 20 名正職研究人員以龐大之兼任研究人員；旗下之「和平與發展」季刊為當前國際事務研究領域中品質最高者，可藉此一窺人民解放軍對於國際安全議題之思維與見解。

3、中國國防科技資訊中心：

有關全球軍事科技的情報蒐集及交換中心，成立於 1959 年 3 月，原屬國防科學技術工業委員會，1998 年後轉屬總裝備部。該中心約有 400 名資深及中級研究員，研究議題包括武器系統發展、防衛技術管理等。研究結果提供給總參領導用以進行跨部門討論，解放軍也會用這些研究成果向駐外單位及多國裁減軍備組織作說明用途。

4、中國工程物理學院：

自 1998 年後主要由總裝備部贊助，有專職武器研發的部門。

5、中國國際戰略研究基金會(FISS)：

成立於 1989 年，標榜為一「獨立之非營利組織」，但實際上該會與

軍方關係密切，成員多來自現役及資深上校；該會近年來廣納多名退休外交官及行政官僚，企圖淡化軍方色彩。為國家安全相關系統中，解放軍與國外學術單位交流的主要窗口，是總參二部下的半獨立研究單位；基金會除了藉由各種會議與外國學者或學術機構保持聯繫外，也會組織外國學者到中國訪問。

6、軍事科學院：

成立於１９５８年，是「國家軍事研究中心」，可謂解放軍中的主要軍事研究組織，直屬中央軍委會。研究範疇包括有國防議題、武力發展、軍事操作。該院約有 500 名全職研究員，研究成果提供軍方領導參考，也負責撰寫國防白皮書。該院研究員並不自限於象牙塔中，會同時活絡在國內其他軍事研究領域中，因此有助於中央軍事領導與地方軍事單位的聯繫。另外，軍科院的孫子兵法研究會不是專門對台的智庫，但跟外國軍隊智庫交往密切，包括美國的智庫單位：大西洋理事會，特別是軍方的一些智庫單位，接觸都很頻繁。

7、國防大學：

是解放軍中最高專業教育機構，專職高級將領及軍方人員的教育訓練，研究重點置於當前世界環境及解放軍所面臨的挑戰。其中最重要的研究機構為「戰略研究所」，負責為中央軍委會及總參提供分析報告，並為學校領導撰寫所需的戰略報告。

8、改革開放論壇：

「改革開放論壇」係由中央黨校成立的學術性研究機構，其成員亦多來自黨校，譬如理事長為黨校副校長鄭必堅，副理事長為黨校另

> 一副校長李君如、中央黨校戰研所所長王緝思等，另外副秘書長黃范
> 章、林地、丁奎松以及秘書長林融、副秘書長王學軍、辦公室主任史
> 亞紅等人皆為其幕僚。

（三）中共經濟智庫

　　獨立的經濟智庫在八０年代決策過程中扮演決定性的角色，九０年代以來，智庫仍舊扮演重要角色，但也喪失了智庫自身的特殊屬性。專家漸漸被政府所吸收，同時也出現了一些獨立的智庫。交織在朱鎔基的政策辯論與政策建議網絡中。當智庫特殊屬性漸弱之際，策進者個人的總體網絡日形重要。以下列舉一些中共經濟方面的智庫：[34]

> **1、中國社科院經濟研究所：**
> 成員多半為具經驗豐富的社會經濟學者。
>
> **2、經濟改革所：**
> 年輕學者居多，天安門事件後被解散
>
> **3、發展研究中心（DRC）：**
> 原為農村發展研究中心（RDRC），由若干研究主體與單位組織所結合而成的共同體，雖早在 1981 年就建立，但是現有的形式基礎，為 1985 年由三個分離的研究組織（薛暮橋主導的「經濟研究中心」、「價格研

---

[34] 資料來源：〈中國經濟智庫：九〇年代轉變中的角色〉。Barry Naughton,China's Economic Think Tanks: Their Changing Role in the 1990s,The China Quarterly, Volume 171, September 2002,625-635

究中心」、「技術經濟研究中心」）合併而來，是一個結構鬆散的組織型態，但是卻可以與社科院特別是經濟所保持良好的運作模式。

4、中國經濟研究中心（CCER）：

林毅夫於１９９４年成立，一貫主張自由主義與致力市場自由化。相較於其他經濟智庫，CCER 的學術研究趨向較為鮮明；傾向學術研究而非政策分析，研究成果經常受政府當局重視，許多研究人員都是所謂「海歸派」學者。世界銀行與福特基金會給予研究資金上的支持，也是 CCER 足以維持自主與學術導向的重要因素。

5、獨立型智庫：

例如「中國國情研究所」，為經濟學者胡鞍鋼所成立；「天則經濟研究所」，中國社科院經濟所資深經濟學者茅于軾所成立；「經濟改革基金會」：經濟學者樊剛所成立，皆為公共知識份子活動的平台。

第五章　中共對台政策之調整與效果評估

在瞭解「輸入項」與「政治系統」，包括「中共對台政策之環境因素」與「民進黨執政的大陸政策」，以及「中共對台決策機制」之後。本章擬探討**「中共對台政策之調整與影響」**，大致上與「民進黨執政後的大陸政策」發展時期相對應，針對「四不一沒有」、「一中議題與九二共識」、「兩岸統合論」、經貿政策上的「積極開放有效管理」，以及逐漸趨獨的「一邊一國論」，分析中共在對台政策上，分別有什麼樣的政策調整，及其政策效果評估。

第一節　針對「四不一沒有」的政策調整與效果評估

一、聽其言觀其行

２０００年三月十八日台灣總統大選結束後，民進黨籍的陳水扁與呂秀蓮當選中華民國第十屆總統、副總統，中共中央台灣工作辦公室國務院台灣事務辦公室率先拋出**「聽其言觀其行」**的對策，觀察外界反應。兩天後江澤民會見剛果總統時表示，「兩岸對話談判的基礎，首先必須承認一個中國原則」[1]，隔日會見美國常駐聯合國代表霍爾布魯克時亦指出「台灣地區領導人的選舉及其結果，改變不了台灣是中國領土一部分的事實。

---

[1] 〈江澤民與剛果共和國總統薩蘇會談時談台灣問題〉，解放軍報，2000 年 3 月 21 日。

一個中國原則是和平解決台灣問題的基礎和前提。」[2]

２０００年四月六日，錢其琛在「關於台灣問題形勢報告」中表示：「將對台灣的新領導人聽其言、觀其行，對他把兩岸關係引到什麼方向我們拭目以待。台灣新領導人不能只做些姿態，還要有行動，才能取信於人。」「只要認同一個中國的原則，具體的問題都可以談，可以商量。」「在堅持一個中國原則、捍衛國家主權和領土完整這樣的大是大非問題上絕不妥協，決不讓步。」[3]對於中共而言，「聽其言觀其行」就是要給陳水扁調整時間，對民進黨執政半信半疑狀態不會立刻結束。

在大選後，中共涉台系統將壓力反映在兩個層面。就官方而言，中共立即表明今後對台灣新領導人「聽其言、觀其行」，「五二０就職演說」是首要觀察點，希望陳水扁接受及承認「一個中國」原則；由中共中央台辦、國台辦副主任李炳才發表區隔「極個別台商」談話，選擇性地威脅會有「經濟制裁」；大陸海協會常務副會長唐樹備等人則表示陳水扁談話有善意，強調大陸不會「不現實」到透過一次演說就要解決兩岸五十年的分歧，希望台灣領導人不要再製造新問題，不要挑戰中共「和平統一」的原則。在三月十八日到五月二十日之間，中共對台系統一方面發動大型座談，塑造兩岸支持和平統一的氣氛；一方面批評台灣部份人士言行、對台灣新領導人不斷發出呼籲。中共涉台系統在「五二０」前的表態，已經由「不希望聽到陳水扁說什麼（台獨）」，到了「希望聽到他說什麼（一個中國）」的地步。[4]

受到台灣總統選舉結果影響，民進黨執政初期，中國大陸對台灣新政

---

[2] 人民日報，2000 年 03 月 22 日

[3] 新華社，2000 年 4 月 6 日。

[4] 〈中共涉台系統不確定感遽升〉，聯合報，2000 年 5 月 16 日

府動向仍在觀望，對台工作仍處於靜觀其變階段，中共認為陳總統的就職演說，對「一個中國原則」仍採模糊和迴避的立場，因此把陳定位為「柔性台獨」，故繼續採取「聽其言和觀其行」的對策；加上美國適逢總統選舉熱季，不願積極扮演調人角色，避免捲入兩岸紛爭，兩岸的緊張氣氛並未完全獲得抒解。

對中共來說，「聽其言，觀其行」原本是一個權宜之計，並非什麼對台政策，充其量頂多是一項對民進黨的觀察，甚至是一種期待。[5]中共當局對陳水扁持保留態度的回應方式，雖有其謹慎的一面，但亦顯示中共對台灣內部情勢發展之掌握程度有所保留，需要重新思考。中共認為過去給李總統善意，卻被利用走向台獨道路，致使國民黨敗選，給大陸很大刺激與教訓，因此中共對民進黨政府現階段的最大善意就是「觀其言聽其行」，要看陳水扁未來的言論與行動，認為陳水扁如果堅持「兩國論」，仍是繼承「李登輝路線」的維持現狀，不願接受「一個中國」原則，將使統一無限期拖延，亦使兩岸關係不容易維持穩定和平局面。

在兩岸關係定位上，江澤民於重申「中國政府一貫堅持『和平統一，一國兩制』的方針解決台灣問題。「台灣不管誰當權，我們都歡迎他來大陸談，同時，我們也可以去。但是對話、談判的基礎是首先必須承認一個中國的原則，在這一前提下，什麼都可以談」，並表示如果陳水扁在就職演說中拒絕承認「一個中國」原則，將給予台灣「最強硬的回應」。[6]

中共一方面嚴格要求媒體，不得隨意報導兩岸問題、壓制有關武力解決台灣問題等煽動性新聞、並要求各地高等學校管制學生活動等。並在重

---

[5] 曹俊漢，〈錢其琛談話，誰誤判形勢〉，國政研究報告，2002 年 2 月 8 日。
[6] 〈江澤民警告共軍勿太自信〉，聯合晚報，2000 年 5 月 13 日。

要團體內部廣泛舉行各種座談會，藉以發洩或安定情緒，並達逐漸統一口徑之目的。[7]於此同時，中共外交部發言人孫玉璽並於三月三十一日例行記者招待會中，對日本政府官員表示將會參加五二０就職典禮提出警告，表示「台灣問題純屬中國內政，日本政府曾就台灣問題向中共做出一系列的鄭重表態和承諾，中國希望日本切實恪守承諾，不要做出有損中國統一的事。」[8]中共外交部並召見各國駐北京使館人員，阻止各國發表對台灣道賀聲明，並阻止其邦交國派遣代表團前來參加五二０就職大典、阻止接受我方政府官員到該國訪問等。[9]

二、「五二０就職」後之中共反應

在陳水扁總統發表就職演說後，中共中央台灣工作辦公室、國務院台灣事務辦公室立即做出回應聲明，其要點如下：[10]

1、認為「五二０就職演說」內容迴避「一個中國」，顯然缺乏誠意。

2、既然不搞台獨，即應接受「一個中國，台灣為中國一部份」的說法，且「一個中國」不是未來式。

3、以「一個中國」接受與否檢驗陳水扁總統是否在搞台獨。

4、台海兩岸不是民主、制度之爭，而是統一與分裂之爭。

5、重申「和平統一，一國兩制」八字箴言。

6、台灣方面只要不搞台獨，接受一九九二年口頭各自表述「一個中

---

[7] 陸委會網站，〈大陸情勢觀察〉，2000 年 7 月。

[8] 工商時報，2000 年 3 月 31 日。

[9] 中國時報，2000 年 5 月 6 日，二版。

[10] 〈中共中央台辦國務院台辦受權就當前兩岸關係問題發表聲明〉，新華社，2000 年 5 月 20 日。

國」的共識，則兩岸可立即恢復對話。

大陸新華社隨後亦發表評論〈一個中國原則決不允許回避和模糊〉[11]，主要內容如下：

1、陳水扁先生應拿出實際行動認同「一個中國」。

2、陳水扁先生是以人權來反大陸。

3、陳水扁先生如閃避「中國人」、「台灣為中國一部份」這些原則，兩岸關係將無法改善。

4、陳在就職演說中未提三通，是一種倒退作法。

5、陳水扁先生以人權民主牌抗拒統一。

觀察陳水扁總統的五二○就職演說，及中共方面的回應聲明，中共認為陳總統的就職演說，對於「一個中國原則」仍採模糊和迴避的立場，中共強調「『一個中國』原則是和平統一的前提和基礎」，實際上有兩個意涵，首先是統一目標不變，差別是以和平方式或非和平方式；其次為和平方式建立在「一中原則」上，而關鍵內涵為「台灣是中國的一部份」。

中共在聲明中提到九二年「兩會」的各自表述，並認為是台灣政府過去的一貫立場。顯示北京固然批評陳水扁迴避「一國中國」的原則，誠意不足，但北京宣稱願意回到九二年共識，就某種程度而言，已表達對台灣的新領導人的善意與「寄希望」，並顯示北京政府的基調有鬆動跡象，願意正視台灣政黨輪替現實，與它眼中的「台獨」政黨和領導人打交道，只是希望台灣能有進一步的表態。言下之意，只要新政府在兩岸政策上蕭規曹隨，回到原點，談判大門就已打開。

陳總統的就職演說強調**民主信仰與人權價值**，而中共回應則以**國家主**

---

[11] 人民日報，2000 年 05 月 22 日，四版。

權與民族主義為基礎。雖然陳水扁總統在「五二〇就職演說」中，以技巧、模糊的文字而提出**「共同來處理未來『一個中國』的問題」**，緩解立即可能出現的政治危機，但在目前的兩岸關係上，**民主人權與民族主權已成為很難調和的對立矛盾**，使兩岸關係無法走向善意互動。如果台灣持續拖延戰術，北京政府除非選擇戰爭，否則勢將被迫自行找出「下台階」，或是等待美國方面對台施壓。

三、中共對台政策調整後之效果評估

中共對台政策一向慣用軟硬「兩手策略」，但是在運作上卻出現多種不同的組合，在１９９９年七月至２０００年三月總統大選投票日前，偏重硬策略；２０００年三月總統大選後至六月，由於保持觀望態度，中共採取僵硬的防衛措施；２００１年六月二十日總統就職週年以後，則逐漸採取柔性攻勢。使用高壓威懾手段，將「一個中國」原則與兩岸政治談判連結，持續對台「文攻武嚇」，「文攻」重點是對內對外展開「反獨促統」的宣傳攻勢；「武嚇」則包括演習在內的威嚇行動，達到影響台灣民心士氣的政治目標，迫使台灣新政府面臨內外壓力，最終接受中共「一個中國」原則，為中共方面找到第一個下台階。

楊開煌教授總結從陳水扁總統「五二〇就職」到「六二〇記者會」這段期間，中共對台灣政黨輪替的因應之道為：１、對陳水扁定性而不定調；２、堅持「一個中國」，但也做出理性調整政策；３、做好兩手準備；４、確定國際影響力；５、對台灣的主要政黨採取統戰策略。[12]此時期的中共對台

---

[12] 楊開煌，《崢嶸──兩岸關係之鬥爭與對策》，台北：海峽學術出版社，2001年，頁61-62。

政策，就如同錢其琛所言：「『聽其言觀其行』還要繼續下去，因為台灣領導人今天一個說法，明天一個說法」[13]。北京對台灣新總統採取「聽其言、觀其行」的模糊戰略，係在保持「白皮書」發表以來對台壓力的前提下，故意採取「戰略模糊」的立場，以因應台灣未來的回應。**「聽其言觀其行」真正的核心是：因為不信任民進黨政府，使中共當局不得不作最壞的打算，繼續觀察，以保持在對台政策上的彈性與因應之道。**

第二節　針對「一中議題與九二共識」的政策調整與效果評估

一、堅持「一個中國」原則

「一個中國」原則是中共對台政策的底線，也就是「和平統一，一國兩制」及「反台獨、反分裂、反外國勢力干涉」等原則立場絕對不會變。中共始終堅持「一個中國」原則，且在任何時候、任何情況下，都不會放棄一個中國原則，因為對北京來說，放棄「一中」原則等於是允許台灣獨立。

長久以來，中共對所謂一個中國原則的界定，始終是採取三段式說法，亦即**「世界上只有一個中國、台灣是中國的一部分、中華人民共和國是中國唯一的合法代表政府」**。[14]在西藏、新疆等少數民族自治區發生問題

---

[13] 中時晚報，2000 年 9 月 12 日。

[14] 中國國務院由國務院台灣事務辦公室國務院新聞辦公室發表，《一個中國的原則與台灣問題白皮書》北京：中華人民共和國國務院，2000 年 2 月 21

時，「一個中國」原則具有解釋立場的功能，並成為限制外國介入中國內政的理由；將「一個中國」當成兩岸政治互動的前提，是中共約束台灣自主與限制台灣國際空間的緊箍咒。

但是在「一個中國」的內涵上，北京政府卻表現了讓步空間；以靈活解釋「一中」來尋求最終實現統一目的。只要台灣不堅持北京以「承認中華民國」為前提，兩岸即有復談機會。江澤民提出的八項主張的第一條便指出：「堅持一個中國的原則，是實現和平統一的基礎和前提。中國的主權和領土決不容許分割」。[15]中共中央和國務院對台機構負責人亦多次呼籲：「兩岸應在一個中國原則的前提下，照顧各方利益，以靈活的方式求同存異，建立互信，儘快恢復談判，面向未來。我們在兩岸談判問題上的態度是積極的、務實的。只要台灣當局明確接受一個中國原則、承認『九二共識』，中共中央台灣工作辦公室、國務院台灣工作辦公室即可授權海協與台灣有關方面就雙方關心的問題展開對話與協商。」[16]

中共在「一個中國」原則採取「內外有別」態度，在外交上，「一個中國」是中華人民共和國；只有在兩岸政治談判達成協議之後，兩岸才會有關於「一個中國」涵義的共識。唐樹備於１９９８年亦曾表示：「兩岸談判並不是以台灣承認中華人民共和國中央政府為前提的」，並表示一個中國的內涵可暫時擱置討論。[17]而有漸漸鬆動的態勢。

早於１９９７年一月十五日，在美國華府智庫閉門會議上，汪道涵已

日。

[15] 江澤民，〈為促進祖國統一大業的完成而繼續奮鬥〉，1995 年 1 月 30 日。

[16] 陳雲林，《與時俱進，開拓進取，努力做好在台工作》，《台灣工作通訊》，2002 年第二期。

[17] 香港文匯報，1998 年 1 月 27 日，三版。

提出「一個中國既不是一種抽象的中國，也不是指『中華人民共和國』，而是江澤民所提出的『一個中國原則』」。1998年汪道涵在與台灣訪客的談話中再度表示，「一個中國不等於中華民國，也不等於中華人民共和國，而是兩岸同胞共同締造一個統一的中國」。[18]後來汪道涵更提出「一個中國」八十六字版：**「世界上只有一個中國，台灣是中國的一部份，目前尚未統一，雙方應共同努力，在一個中國原則下，平等協商，共謀統一；一個國家的主權和領土是不容分割的，台灣的政治地位應在一個中國的原則下進行討論」**。[19]汪道涵對「一個中國」原則的放寬定義，也為「一個中國」新三段論確立了發展方向。

二、「一個中國」新三段論

2000年五月二十日，陳水扁總統在就職演說中提出「四不一沒有」的兩岸關係論述，由於民進黨執政，使中共對「一個中國」原則的確認產生急迫性，不容再遷延不決。民進黨政府在「一個中國」問題上強調兩岸為對等實體，陳水扁總統在五二○就職演說中雖未回應北京的「一個中國」原則，以「不獨」、「不武」相互牽制以維持兩岸平衡現狀，並保留「一中」的未來可能性。中共為因應2000年美國與台灣新政局變化，提出「一中新三段論」的說法，以期減緩在民進黨執政後，中共在反對「台獨」上所面臨的障礙，並盼在兩岸關係定位之論述中取得主動權。

自2000年八月開始，中共即透過各種公開與私下管道，不斷釋放出在一中問題上的新三段論表述：**「世界上只有一個中國，大陸和台灣同**

---

[18]　聯合報，1998 年 10 月 17 日，二版
[19]　人民日報，1999 年 1 月 11 日。

屬於一個中國，中國的主權和領土完整不容分割」。這種表述，在仍舊堅持一個中國原則下，對於一個中國的內涵似乎提出與已往略有不同的說詞。２０００年九月十一日，中共國務院副總理錢其琛在接受媒體訪問時首次公開提出「一中新三段論」，內容為「世界上只有一個中國、台灣與大陸同屬一個中國、中國的主權與領土不容分割」。[20]

　　２０００年一月二十四日，中共副總理錢其琛在「紀念江八點七週年談話」時曾兩次重申「大陸與台灣同屬一個中國」，並認為「九二共識」的基本精神就是「堅持一個中國原則」。他說：「大陸與台灣同屬一個中國。海峽兩岸儘管尚未統一，但雙方應積極創造條件，努力緩解矛盾，改善兩岸關係，打破政治僵局。１９９２年海協與台灣的海基會達成各自以口頭方式表述『海峽兩岸均堅持一個中國原則』的共識，體現了妥善處理分歧、有效打破僵局的政治智慧。它的重要意義在於：在雙方表明堅持一個中國原則態度的前提下，照顧各方利益，以靈活的方式求同存異，建立互信、務實談判、面向未來」。錢其琛並在文末再次強調：「我們多次說過：世界上只有一個中國，大陸和台灣同屬一個中國，中國的主權和領土完整不容分割。這是海峽兩岸堅持一個中國原則的共同基點。」[21]

　　２００２年三月五日，中共總理朱鎔基於第九屆人大第五次會議開幕時首次將「新三段論」納入「政府工作報告」，並經當次人代會審議通過。該報告稱：「我們重申，世界上只有一個中國，大陸與台灣同屬一個中國，中國的主權與領土完整不容分割，一個中國原則是發展兩岸關係，促進祖

---

[20] 〈錢其琛：只要承認一個中國　台灣不接受一國兩制也可談〉，工商時報，2000年9月11日。

[21] 〈紀念江主席八項主張發表7週年　錢其琛發表講話全文〉，北京新華網，2002年1月24日

國統一的基礎與前提」[22]。這是「一中新三段論」首次出現於政府的報告，可見**「新三段論」之說法已確立為中共詮釋「一個中國原則」的論述基調與政策**。[23]

新三段論的主要意涵，意指在「一個中國」的大前提下同時包含「台灣」與「大陸」兩個彼此地位對等的部分，而「一個中國」也可被視為是一個同時高於「台灣」和「大陸」的政治概念，甚至引申為「中國」與「中華人民共和國」有所區別，與中共過去的口徑有所出入。在過去的「舊三段論」中，「台灣是中國的一部分」的論述，是以主從歸屬關係來詮釋兩岸關係；但是在「新三段論」中「大陸與台灣同屬一個中國」的表述則較強調兩岸在面對「中國」位階時屬於平等關係。另外，「舊三段論」與「新三段論」相同的地方在於「世界上只有一個中國」與「中國的主權與領土不容分割」這兩句話，其意義在於堅決反對台灣的分離主義與分離行為，屬於對未來兩岸關係應有走向的一項堅持。[24]

２００２年九月一日，唐樹備於舊金山僑社提出**「要淡化中華民國與中華人民共和國的政治符號」**說法，所謂的「九二共識」，台灣說是「一個中國」，大陸也說是「一個中國」，雙方都沒有說出這「一個中國」是中華民國還是中華人民共和國。正式向僑社推銷「淡化國號論」，希望在國際塑造其處理兩岸關係的「理性、溫和」態度，以獲取僑界與國際社會對

---

[22] 朱鎔基《政府工作報告》，人民出版社，2002 年版，第 36 頁。

[23] 朱鎔基，〈政府工作報告—2002 年 3 月 5 日在第九屆全國人民代表大會第五次會議上〉，中共外交部網站，2002 月 3 月 16 日。〈http://211.99.196.217:89/gate/big5/www.fmprc.gov.cn/chn/26802.html〉

[24] 中華歐亞基金會，〈中共推動「一中」原則策略研究與對策建議〉，政策研究系列，2002 年 11 月。

其「一中」原則之諒解與支持。[25]由於唐樹備是專程應邀前訪，去的地點又是他曾派駐過的舊金山，加上談話的對象是傳統僑社，顯示「一中新解」說法已經為中共當局所認可。

中共外長唐家璇於２００２年九月十三日在第五十七屆聯合國大會講話：「世界上只有一個中國，大陸和台灣同屬一個中國，中國的主權和領土完整不容分割。實現國家統一，是我們堅定不移的立場和不懈奮鬥的目標」，正式將「一個中國」新三段論向國際全面推銷。不過，除此之外，唐家璇也重申北京對台基本方針：「和平統一、一國兩制」，同時強調反台獨的強硬立場，他說，中國「堅決反對任何台獨活動，決不允許任何人以任何方式把台灣從中國分裂出去，一切台獨行徑都注定失敗」。[26]此為陳水扁總統２００２年八月「一邊一國」論後，中共外交系統對於「一個中國」原則的首度反應

在類似聯合國等重要國際場合，北京外交系統一向強調「中華人民共和國是中國唯一合法政府」，就是「台灣是中華人民共和國的一部分」，唐家璇在聯合國發言提出意味兩岸平等關係的「大陸與台灣同屬一個中國」的表述，且唐在發言中還刻意將原文稿中嚴詞批判陳水扁總統的一整段文字跳過，由聯合國秘書處所提供的英文、法文等外文發言稿中，也將之刪除，向國際間充分展現其溫和與理性的一面。[27]；且中共在２０００年九月提出「一個中國」新三段論之後，始終未見中共當局在「一中原則」意

---

[25] 中央社，2002年9月1日。

[26] 〈中國代表團團長、外交部長唐家璇在第五十七屆聯大一般性辯論上的講話〉，中共外交部網站，2002年9月13日。〈http://211.99.196.217:89/gate/big5/www.fmprc.gov.cn/chn/34835.html〉

[27] 張亞中，〈中共對台新策略儼然成形〉，中央日報，2002年11月6日。

涵有更趨緊縮發展，並持續至今，應有值得詮釋的意義存在。

　　從中共總理朱鎔基在２００２年三月「兩會」的政府工作報告，到江澤民在十六大工作報告上重申「世界上只有一個中國，大陸和台灣同屬一個中國，中國的主權和領土完整不容分割」，正式對外提出中共對台的「新三段論」。代表中共已正式將「新三段論」寫入黨的報告之中，將在未來一段時間成為中共的政策方針。[28]

　　值得注意的是，在中共與外國所簽公報中，仍維持「世界上只有一個中國，中華人民共和國是中國唯一合法政府，台灣是中國一部分」立場。因此在兩岸未對「一個中國」新三段論有共識之前，中共當局仍有可能持續其「內外有別」論述。**中共對內以「國號淡化論」、對外則以「一中說法內外一致論」作政策配套，意在爭取國際與台灣之認同，並主導兩岸發展走向。**

三、壓迫民進黨回歸九二共識

　　中共當局雖然始終堅持一中原則，但在兩岸協商時的操作過程中，可以「暫不討論」或「不涉及」的方式，來避免敏感的政治爭議。因此有所謂的「九二共識」出現，但九二年究竟真的有共識存在？在民進黨上台後成為廣泛討論、爭執的焦點，在本文的第三章第二節已有相關探討。

　　事實上即使台灣回到所謂「一個中國，各自表述」之「九二共識」，大陸方面亦不會因此而放鬆對台灣當局的壓迫，因為中共當局要的「九二共識」，和過去國民黨政府所認知的「九二共識」，在文字與實質上亦有相當地差異。１９９５年台海危機後，中共開始反對台灣方面的「一中各

---

[28] 〈對台「新三段論」　中共正式提出〉，聯合報，2002 年 11 月 9 日

表」；在１９９９年李前總統發表「特殊國與國關係」談話後，中共更在
覆函辜董事長說明中，首度明白反對九二年有「一中各表」的共識。以下
是在民進黨執政前，中共反對「一中各表」之相關論述：

表 5-1、 中共反對「一個中國，各自表述」相關言論[29]

時間・出處	人物	論述內容
1996.10.09 文匯報	唐樹備	➤ 海協會和海基會在 1992 年底，關於「一個中國」的問題，確實有過共識，這一共識就是海峽兩岸都堅持「一個中國」的原則，我們各自口頭上表述這句話，關於「一個中國」的政治內涵，我們兩會不去討論它。這是有資料可查的。
1997.07.12 中共新華社	中共中央台辦、國務院台辦負責人及海協會負責人	➤ 唐樹備說，一段時期以來，台灣方面把海協與海基會就兩會事務性商談中「海峽兩岸均堅持一個中國之原則」達成口頭共識，歸結為所謂「一個中國，各自表述」，這顯然不符合當時的情況。
1998.10.18 中共新華社	唐樹備	➤ 唐樹備強調，兩岸必須堅持在一個中國原則上的共識，如果有人故意迴避一個中國的原則，將損害兩岸、兩會交往的基礎。 ➤ 唐樹備指出，上述表述有兩個共同點:一、雙方都表示謀求國家的統一；二、雙方都堅持一個中國的原則。
1998.01.27. 文匯報	唐樹備	➤ 九二年的協議海峽兩岸達成的一個口頭共識，關於:「一個中國」的政治內涵，並沒有討論。台灣方面將這個共識歸納為「一個中國的各自表述」，是不符合實際情況的。這有歷史文件為證。...兩岸的分歧不是事務性問題，事務性問題很容易解決，有些問題不談也可以解決，兩岸間最大的問題是政治分歧，所以我們要面對這個分歧來處理它。

---

[29] 資料來源：李銘義，〈九二共識與一個中國議題之研析〉，《共黨問題研究》，
2001 年 6 月號。

2000.02.21	一個中國的原則與台灣問題白皮書	➤ 「1992 年 11 月，海峽兩岸關係協會與台灣的海峽交流基金會達成在事務性商談中各自以口頭方式表述『海峽兩岸均堅持一個中國原則』的共識。」該段文字無論表意或字意，均與「一個中國，各自表述」不同。
2000.02.29.中央社	中共外交部發言人朱邦造	➤ 台灣方面將「一個中國」的共識歪曲為「一個中國，各自表述」，是不符合實際情況，「意圖在各自表述的名義下，塞進分裂主張」。
2000.04.26.中新網	海協會副會長張金成	➤ 張金成說，兩岸雙方向來沒有在「一個中國各自表述」下達成共識。他重申，兩岸只有在「一個中國」原則下才能達成共識。
2000.05.09中共新華社	錢其琛、汪道涵	➤ 關於「一個中國」的內涵，國務院副總理錢其琛、海峽兩岸關係協會會長汪道涵都曾明確地作出說明，海協與台灣海基會也曾達成「海峽兩岸均堅持一個中國原則」的共識。(不強調「一個中國，各自表述」的概念)

　　民進黨執政後，北京方面認為兩岸關係的癥結在於台灣當局能否接受「一個中國」原則，因此試圖透過內、外壓力迫使陳水扁總統回到「九二共識」。在２０００年陳總統「五二０就職」後，大陸方面對「一個中國」原則似乎不再那麼僵化，轉而要求民進黨「回到九二共識」，並將「九二共識」界定為「兩會皆有堅持『一個中國』原則」的共識。對於陳水扁總統所提出的「未來一個中國」，中共社科院台研所所長許世銓對此曾表示「對陳水扁表達期待兩岸共同處『未來一個中國的問題』，這不是起點，而是倒退，沒有堅持一中原則，兩岸就沒有和平談判的共同基礎。」[30]

　　唐樹備於２０００年十月表示，「如果台灣當局鄭重的、明確的承認一個中國原則，承諾堅持１９９２年兩會共識，就可以很快恢復兩岸對話與談判」，但**從民進黨執政前，中共對「一中各表」的反對態度可以發現，**

---

[30]　中國時報，2000 年 7 月 13 日。

這只是在壓迫民進黨回到「九二共識」的伎倆之一。北京社會科學院台研所教授李家泉便指出，如果陳水扁提出「一個中國、各自表述」，並沒有辦法解決兩岸目前的問題，大陸方面堅持的「一個中國」，是中性的，不講內涵的，對於國號也暫時不作討論，如果「各自表述」，台灣是中華民國，大陸是中華人民共和國，那麼還是「兩個中國」，大陸方面不會接受。[31]

　　兩岸在一中問題上片面的堅持與一中刻意的迴避，已成為兩岸互信與協商的主要障礙所在。儘管兩岸對「一個中國」涵義有不同認知，但北京政府還是願意在「一個中國」原則下與台灣談判，讓台灣可以自行解釋「一個中國」的涵義。

　　根據北京人民大學黃嘉樹教授的分析，認為「國際對兩岸促談的壓力只會越來越大，相較下台灣承受的壓力會更大，台灣新政府將更難逃避『一個中國』問題。在美國遵守『一個中國』政策和三不承諾情況下，台灣新政府想操作的國際空間只會縮小，不會放大」、「台灣內部及新政府不滿這樣的國際現實，一直想往追求法理上的國際人格發展，如此和北京的衝突只會日趨嚴重，統獨的最後對決只怕終究難逃」。[32]黃嘉樹教授強調台灣無法逃避「一個中國」原則，另一方面卻又預言兩岸統獨的衝突無法避免，透露出北京學者在兩岸談判的時間表上，產生急迫感，並主觀認定台灣逐漸缺乏與中共對抗的能力。

　　中共方面將台灣承認「九二共識」和「一中原則」當作開啟兩岸關係的先決條件，並運用經濟力量誘使台灣執政當局在大陸政策上讓步，固然

---

[31] 中國時報，2000 年 4 月 04 日。
[32] 中國時報，2000 年 7 月 22 日。

產生了若干的影響力,並相當程度地推動台灣政府開放小三通,與放鬆戒急用忍政策,但在主要目標,也就是促使民進黨政府接受「九二共識」和「一中原則」並未成功。

中共當局對民進黨政府疑懼甚深,將民進黨任何讓步措施都解讀成別有意圖,是在為台獨鋪路,例如跨黨派小組決議,即使和陳水扁總統立場不一致,也會被中共當局解讀成是唱雙簧[33];另一方面,民進黨政府對中共作為亦一貫以陰謀論詮釋之,因此即使錢其琛提出「一個中國」新三段論,也被民進黨政府理解為中共想引誘台灣回到「一個中國」,是為了替吞併台灣鋪路。**由於彼此缺乏基本的互信,雙方都恐懼會被對方欺騙,因此皆故意將姿態調高,以作為導引對方讓步的籌碼。**

四、中共對台政策調整後之效果評估

不管民進黨政府是否願意承認「一個中國」原則,兩岸在政治上的主要分歧,目前尚無法突破「一個中國」架構。因此我們可以預見在民進黨執政時期,兩岸政治關係的發展前景不容樂觀,兩岸僵局難以緩解,甚至有進一步惡化的可能。但無論如何,在各方壓力之下,民進黨政府不至於公開宣佈「台灣獨立」,兩岸關係惡化到攤牌、動武的可能性並不大。

就大陸方面而言,從「解放台灣」、到「一國兩制」、到接受「一中各表」的「九二共識」、到錢其琛的「新三段論」,其立場逐漸向台灣方向靠近。而從民進黨的主張來看,從「台獨黨綱」、到陳水扁陳總統在競選時

---

[33] 陳水扁總統上任後所組成的跨黨派小組,歷經二百廿五人次發言後,獲致「三個認知、四個建議」的具體共識,被中共官方批評為「不三不四 不倫不類」。〈中共國台辦發言人批評跨黨派小組共識文字遊戲〉,聯合報,2000年12月01日,一版。

提出的「國與國的特殊關係」、到謝長廷主席所提出的「一中憲法」和跨黨派小組的「以中華民國憲法來回應對岸對於一個中國的主張」，亦是逐步向中間靠攏，而與北京的立場逐步接近。**雖然目前雙方仍未取得交集，但彼此距離已在不斷地縮減當中。**

　　姑且不論九二年有無共識，如同張五岳教授所言，「九二有無共識已是歷史事實，兩岸現在想不想追求共識，遠比九二有無共識更重要」，北京宣稱願意回到九二年共識，已表達了對台灣新領導人的善意和「寄希望」。[34]。兩岸問題的核心仍在於中共如何對待「中華民國」，若要台灣回歸到中共所謂的「一個中國」原則，即便是「九二共識」，中共都必須對中華民國釋放更多的善意，具體而言，也就是中華民國的國際存在的問題。[35]**當前「一個中國」原則既無法輕易獲取共識，那麼未明顯涉及「一個中國」的世貿組織架構，可以成為將來兩岸對話的自然渠道。**

第三節　針對「兩岸統合論」的政策調整與效果評估

一、錢其琛紀念江八點七週年談話

　　２００２年一月二十四日，在北京各界人士紀念江澤民主席《促進祖國統一大業的完成而繼續奮鬥》講話發表七周年座談會上，中共中央政治局委員、國務院副總理錢其琛在會上發表重要講話，中共中央政治局候補委員、書記處書記曾慶紅主持了座談會。綜觀全篇談話內容，雖以軟性

---

[34] 張五岳，〈從兩岸關係思考權力合縱連橫〉，聯合報，2001 年 12 月 4 日。
[35] 董立文，〈一年來兩岸關係回顧〉，海峽兩岸學術研討會，中國互聯網新聞中心網頁，2001 年 8 月 10 日。

語詞包裝中共對台一貫立場，但在具體對台工作方面提出下列四點：[36]

1、強調加強兩岸經濟往來—針對台灣經濟景氣不佳為由，除主張直接通航、通商、投資的訴求外，還歡迎台灣人民前往大陸就業。

2、提出兩岸經濟問題處理國內事務化—針對兩岸同時加入世貿組織的情勢，排除雙方在世貿組織架構下雙邊互動的可能。

3、加強對台灣民眾統戰——一方面表達歡迎台灣青年前往大陸就學及就業的態度；同時表示願意聽取關於建立兩岸經濟合作機制的意見與建議。

4、表達與民進黨溝通的意願—將民進黨與「臺獨」區隔，表達願意在「適當名義下」，歡迎民進黨員前往大陸參訪。

中共錢其琛副總理作的重要講話。一般咸認，這次座談會的新意最少包含三點：一是國家副主席胡錦濤首次出席講話發表每年召開一次的紀念座談會；二是對民進黨的態度有所改變，講話提出：『廣大的民進黨成員與極少數頑固的「台獨」分子是有區別的，我們歡迎他們以適當身分前來參觀、訪問，增進瞭解。』三是提出建立兩岸經濟合作機制問題。[37]

依據「國台辦」發言人張銘清表示，區隔廣大民進黨員與少數臺獨份子，是中共一向的政策，這次作出政策宣示，主要讓民進黨員知道中共的政策，也是對少數臺獨份子的一個警告。**中共採取「擴大爭取面，縮小打擊面」的策略，除了持續與台灣在野政黨聯繫外，亦加強對民進黨人士的統戰工作，意圖在台灣內部進行區隔與分化的作為。**

錢其琛於「江八點」七週年所發表之談話，凸顯中共意識到需與經過

---

[36] 〈錢其琛在首都各界紀念江澤民主席關於促進祖國統一大業重要講話發表七周年座談會上的講話〉新華網北京，2000 年 1 月 24 日。

[37] 人民日報，2002 年 1 月 25 日。

選舉贏得政權的民進黨打交道。錢其琛的談話部分使用了台灣民眾熟悉、可接受的用語，包括「台灣民意主流」、「兩岸關係的和緩與穩定」、「台灣人民的福祉」、「加強兩岸人民的交往、對話與瞭解、溝通」、「台灣被殖民的歷史不會重演」、「專制政權不會再現」、「願意聽取台灣各界人士相關的意見和建議」、「願意廣泛聽取和充分尊重廣大台灣同胞的意見」等，軟性訴求意涵至為明顯。至於將廣大民進黨員與「台獨份子」區別對待，歡迎民進黨員以「適當身份」至大陸參觀訪問以增進瞭解的說法，也有被解讀為北京當局正視台灣政黨輪替的現實，願意開啟與代表台灣民主選舉結果的執政黨—「民進黨」進行交流溝通管道的現象。

　　自民進黨執政之後，兩岸在政治僵持了一年半之久，從錢其琛一席話顯示，中共終於對民進黨作了態度上的調整。中共願意將民進黨分子視為打交道對象，一改過去封殺與民進黨人士交往態度。最小幅度的解釋是，中共願意與民進黨討論問題，或開放交換意見的管道；最大幅度的解釋則是，中共承認民進黨對台灣前途有發言權，是台灣未來的代表之一，中共必須與民進黨談判。[38]

　　在當時的民調顯示，雖然有高達 60.2％的民眾認為大陸對台灣政府不友善，37.9％的民眾認為大陸對台灣人民不友善，但與２００１年七月之調查結果比較，前者下降了 5.5％，後者下降了 10.2％。[39]至於媒體所做的另一份民調，有將近五成（48％）的民眾不相信錢其琛歡迎民進黨人士至大陸訪問的誠意；對於大陸「一國兩制」的主張，則有 69.2％的民眾表示不贊成，9.2％的民眾表示贊成，較而２００１年七月份調查結果甚至下

---

[38] 曹俊漢，〈錢其琛談話，誰誤判形勢〉，國政研究報告，2002 年 2 月 8 日。
[39] 〈例行民意調查〉，「陸委會網站，2002 年 1 月 31 日至 2 月 3 日。

降了 4.1%。主張廣義維持現狀（包括「維持現狀，看情形再決定獨立或統一」、「維持現狀，以後走向統一」、「維持現狀，以後走向獨立」、「永遠維持現狀」）的民眾仍占絕大多數（82.5%），與歷次調查結果趨勢一致。有關兩岸直航問題，73.5%的民眾認為應「有條件開放」（即應考慮台灣國家安全、尊嚴、對等的原則），只有 8.6%的民眾認為應「無條件開放」。**[40]客觀而言，錢其琛談話中趨向務實的改變，似乎為兩岸關係的緩解，注入新的動力。**

二、進行反獨促統攻勢

1、拉攏在野黨派

　　「統戰」一向是共黨的三大法寶之一，長期以來是中共爭取多數的不二法門。在對台統戰方面，中共以往大都透過「政協」系統，以及各民主黨派、民間團體來執行，以各種形式與台灣各階層聯繫、交往。在海外方面則透過與台灣有聯繫的華僑、華人爭取親臺僑團的支持，希望運用僑民的影響力，爭取台灣民心。中共認為投給陳水扁的四成選民並不全然支持台獨，而寄希望於其他的六成選民。

　　中國共產黨一向認為，國民黨才是他們打交道的對手，認為只要國民黨執政，無論彼此的矛盾有多麼大，中國就有統一的希望。因之看到國民黨失去政權，他們也從不諱言他們的失望，而在言語上更出現「痛之深、責之切」的態度。在中共心目中，國民黨失去政權，便沒有打交道的對象，也沒有談判的對手。過去中共的台辦系統對於身在大陸的台胞作了不少的

---

[40]〈錢其琛發表談話後民調〉，TVBS 民調中心，2002 年 1 月 29 日。
　〈http://www.tvbs.com.tw/code/tvbsnews/poll/2002-02/20020204/020204-2.asp〉

工作，但這些人回到台灣崗位或居地後是否有發揮回歸或統一的直接效應，卻是很難說的一件事。直到民進黨得到政權，大陸決策當局才感覺到，十數年來對台政策仍沒有發揮應有的效力，而台辦系統大把的人力與物力的投入仍未產生預期的功效。[41]

中共利用台灣選舉造成政治生態轉變之際，大幅拉攏台灣反獨人士。先於２０００年四月底起，在深圳、廈門、汕頭等地召開一系列以**「反獨促統」**為主旨的座談會議，邀請台灣特定政治立場人士參與，再逐步有限度擴大對象，以爭取台灣內部同情或呼應聲音。其次，積極配合台灣特定立委組團往訪，並刻意以外交上的「高規格」接待方式，與精心安排的新聞處理造成多元化效果，將兩岸問題之爭議戰場推向台灣內部。

北京方面透過此類與在野黨人士之互動，不斷釋放中共對三通議題的相關政策，營造北京當局已軟化在三通議題上堅持「一中立場」，而且可以採取單純的「特殊方式」處理，如可以由業者協商、套用「臺港模式」等來處理。意圖進一步架空兩岸既有協商管道，形成政府在三通議題上執行公權力的障礙。

中共於２００２年一月二十八日到三十日在北京召開「全國台辦主任會議」，會中特別對**「漸進式台獨」**提出了警惕，顯然是對**「文化台獨」**以及民進黨政府**「去中國化」**政策的反應。然而中共方面並沒有辦法提出有效的反制。對中共而言，台灣在內政上以「文化」的措施以及「去中國化」的情結推動各項文教政策，中共是無能為力的。問題是：那些積極推動「漸進式台獨」的民進黨廣大成員是否仍為中共所歡迎的人員？抑或是

---

[41] 曹俊漢，〈錢其琛談話，誰誤判形勢〉，國政研究報告，2002 年 2 月 8 日。

「極少數頑固的台獨分子」？在意涵上中共顯然也弄不清楚。[42]

2、全球反獨促統大會

　　中共在海外對台進行全方位的統一戰線鬥爭從未間斷，１９８８年在中共全國人大常委會、全國政協、全國工商聯、民盟、台盟的指導及中央統戰部策劃下，在北京成立「中國和平統一促進會」簡稱「和統會」），此後即開始在海外各地推動成立區域「和統會」組織，宣傳「一個中國」原則，企圖混淆國際視聽、壓縮中華民國生存空間。

　　過去中共對台統戰工作所強調的是感情的聯繫，缺乏有系統的規劃，民進黨執政後，為因應台灣政局的新變化，中共有計劃地將「反獨促統」列為對台統戰工作的重要議題。利用台灣政權更替之際，積極展開對親台僑界重要人士的拉攏工作，最具體的工作就是利用各地僑社召開「反獨促統」座談會，發動華僑支持「一個中國原則」，並於歐美等重要城市推動僑界成立「中國和平統一促進會」，藉形塑海內外華人一致支持「反獨促統」聲勢，對台施壓。

　　除了延續組織戰方式，中共並加強僑務工作，於海外各地透過親共僑社成立「中國和平統一促進會」分會（據初步統計，目前全球已有 35 個國家或地區成立 60 個此類團體），並由歐洲「中國和平統一促進會」首次在柏林舉辦大型的「全球華僑華人推動中國和平統一大會」，為歐洲的「反獨促統」進行整合活動。

　　藉由「全球華僑華人中國和平統一促進會」及「中國和平統一基金會」組織，逐漸向海內外擴散「反獨促統」效應，並將持續透過交流對台民眾進行文化思想工作；至今已在全球 40 餘國家地區策導成立 70 餘個以「反

---

[42] 曹俊漢，〈錢其琛談話，誰誤判形勢〉，國政研究報告，2002 年 2 月 8 日。

獨促統聯盟」或「中國和平統一促進會」為名的團體，並指示僑務、涉台部門與駐外使館全力策動。[43]除了以串連方式分別於各洲舉行大型活動外，並經常舉辦座談、研討等各式小型活動，作為對僑社遊說或製造國際輿論、宣傳的基本素材。

２０００年八月下旬，中共在德國柏林召開「全球華僑華人推動中國和平統一大會」，會後並成立「全球華僑華人中國和平統一促進會」常設機構，以便持續推動其所謂和平統一大業。[44]２０００年十一月廿五日在華盛頓舉行第二屆「全球華人反獨促統大會」進行相互串聯。[45]

２００１年五月，中共利用中華民國第十任總統就職一週年之際，策動發起「全球同胞反獨促統五月大行動」，在海外各地舉辦小規模的遊行集會、座談會、研討會。[46]同時針對陳總統過境美國與訪問拉美之際，伺機策動當地「和統會」組織，以刊登文宣、遊行示威等方式進行干擾、反制，企圖對民進黨政府進行施壓。

中共年透過全球各地「統促會」等統戰組織，推動「反獨促統」工作，深化「反獨促統」成效，形塑僑社「反獨促統」戰線，持續推動「反獨促統」工作。[47]將各地方性的「和統會」組織起來進行全球性的反獨促統大會，利用民族主義，陸續開展多項活動，積極醞釀召開大型僑務會議，凝

---

[43] 〈僑委會揭露中共反獨促統分化僑界心防作為〉，中央社，2001 年 5 月 18 日。

[44] 〈全球華僑華人推動中國和平統一大會呼籲所有中華兒女為促進中國和平統一努力奮鬥〉，新華社柏林電，2000 年 8 月 27 日。

[45] 陸委會，〈兩岸情勢分析〉，2001 年 1 月。

[46] 〈全球華僑華人將舉行反獨促統五月大行動〉，解放軍報，2001 年 5 月 18 日。

[47] 〈全球多個華人團體將舉行"反獨促統"活動〉，中新社，2001 年 5 月 19 日。

聚全球華僑華人對「反獨促統」的認同，其中包括：[48]

1、２００１年七月在日本東京召開全球反獨促統大會，此外近期大陸各地（香港、北京等），亦透過各種名義舉辦類似活動。

2、２００１年九月份召開三場全球性的僑社會議，包括「第六屆世界華商大會」、「首屆世界華文傳媒論壇」、「客屬全球促進和平統一大會」。

3、奧地利 19 個僑團於十一月初在維也納成立「統促會」。中共僑聯主席林兆樞赴會，指稱在海外 60 多國、百餘個「統促會」是促進統一的強大力量。

4、菲律賓「統促會」於十二月二日在馬尼拉成立，中共派海協會副會長張金成及「全國促統會」秘書長王克斌率團參加。

5、澳洲「統促會」十二月二日在雪梨舉行募款餐會，為 2002 年 2 月將在雪梨舉行的「第五次全球華僑華人反獨促統大會」進行募款。

6、中南美洲「統促會」十二月二日於巴西聖保羅召開「中南美洲促統大會」籌委會，討論將於２００２年五月二十四日舉辦的促統大會事宜。

7、中共「全國促統會」於２００２年十二月十二日在北京舉行「堅持一個中國原則發展兩岸關係」座談會。

三、中共對台政策調整後之效果評估

綜觀此時期的中共對台政策，仍在「和平統一、一國兩制」大戰略之

---

[48] 葛維新，〈華僑社會的劇變〉，國政分析，2002 年 9 月 27 日。
〈http://www.npf.org.tw/PUBLICATION/NS/091/NS-B-091-022.htm〉

指導下，並以接受「一個中國」原則及「九二共識」為現階段之主要訴求。在實際作法上則加大對台宣傳統戰及經濟吸附之作為，持續「軟」、「硬」兩手策略。

1、「軟」的方面：包括言辭和緩、大量邀訪、大量訪臺、優惠台商；

2、「硬」的方面：推動全球「反獨促統」活動、外交打壓。

中共意圖建立兩岸民間協商模式：自去年錢其琛提出兩岸「民間對民間、行業對行業、公司對公司」的協商模式以來，諸如「小三通」、臺港航權談判、大陸人士來臺觀光案等，中共皆處心積慮地迴避與我政府的接觸。今年二月中旬，中共又以大陸漁工權益受侵害為由，嚴禁對台輸出漁工，同時揚言將視「兩岸相關民間組織商談情況」再決定是否解禁。意圖藉大陸漁工問題，以落實兩岸民間談判模式。在政治上，企圖分化主張台獨之人士，在經濟上，則繼續以商圍政。

台灣學者張五岳教授表示，過去「一個中國」原則僅是中共作為防獨反獨的工具，但在錢其琛江八點七週年談話後，顯示北京方面已不把一個中國當成僵化教條，為了因應內部需要與兩岸在政治原則上各自表述，未來「一個中國」原則要靠兩岸經貿和文化上的實踐，大小三通則是中共促談、促統的利器。[49]

「反獨」一詞雖然可以輕易挑起海外中國人的情緒，兩岸關係不是「統」與「獨」二擇一的問題，而是兩岸人民要選擇哪一種制度與生活方式的問題。中共試圖把兩岸問題由「民主自由 V.S.專制獨裁」之爭，簡化為「獨立 V.S.統一」問題，讓國際社會誤以為全世界的華僑華人都在「反

---

[49] 〈學者指錢其琛談話顯示一中非靠原則靠實踐〉，中央社，2001 年 1 月 22 日。

對台獨、促進統一」，反而增加了台灣人民的抵抗與反感。

　　陳水扁總統在２００１年元旦談話中宣示，在中華民國憲法下，「一個中國」在兩岸之間原本不是問題，但是兩岸在九０年代開始互動以來，中共便要求獨佔「一個中國」的解釋權。在中共「一個中國」的定義下，中華民國必須消失無蹤，這是海內外所有愛好自由與民主的人所不能接受的。[50]

第四節　針對「積極開放有效管理」的政策調整與效果評估

一、寄希望於台灣人民

　　江澤民主政期間，兩岸關係起起伏伏，台灣政權更迭，面對民進黨執政，中共對台政策重心，從政治上全力防堵台獨，到經濟上側重三通協商，主軸則是「爭取台灣民心」。江澤民在中共十六大報告中談及台灣問題時強調，「解決台灣問題實現祖國的完全統一，我們寄希望於台灣人民，台灣同胞具有光榮的愛國主義傳統，是發展兩岸關係的重要力量」，「兩千三百萬台灣同胞是我們的手足兄弟，沒有人比我們更希望通過和平的方式解決台灣問題」。[51]

　　民進黨執政滿週年後，中共對台政策明顯以「經濟」為切入點，藉台

---

[50] 〈揭開中共「反獨促統」活動的真相〉，中央社，2001 年 7 月 15 日。

[51] 江澤民，《全面建設小康社會，開創中國特色社會主義事業新局面》，在中共十六大上所作報告，2002 年 11 月 14 日通過。

灣經濟景氣不佳，大陸經濟發展快速為訴求，積極吸引台灣人民前往大陸投資、就學、就業或旅遊，意圖形塑成「蔚為風氣」的假象，以作為國際宣導的素材。在爭取台灣民心方面，其統戰手段更為細膩也更為深入，從以往「聯絡次要敵人，打擊主要敵人」策略，滑向「爭取多數，打擊少數」；並且從文化、宗教、青年、宣傳的根源著手。在交流對象上，擴大加強對我少數族群(客家、原住民、殘疾人士)、社會菁英份子及意見領袖(如大學生、媒體、學術藝文界、宗親會、宗教團體等)、台商、臺幹、臺屬等的工作。

中共「寄希望於台灣人民」的軟性策略包括：

1、對台言詞軟化：

在民進黨執政之後，中共官方對台發言逐漸和緩，尤其國際情勢使中美關係趨於穩定，更讓大陸認識到，只要使台灣獨不了，現階段應全力發展經濟國防建設，解決台灣問題不再急於一時。例如錢其琛於２００１年七月會見新黨代表團達成六點共識，[52]以及王在希在新加坡所發表有關兩岸關係的言論，[53]皆顯示中共有意釋放對台和緩言詞，強化「一國兩制」的宣傳。

2、邀訪台灣意見領袖：

為了爭取台灣民心，中共對台身段柔軟了許多，對向「一個中國」原則靠攏傾向的台灣人士、政黨、團體招手、攏絡，並採取「區別對待」策略，一方面打壓支持「台獨」的台商同時排除民進黨以政黨名義前往大陸

---

[52] 〈中共中央台辦與台灣「新黨大陸事務委員會代表團」達成六點共識〉，新華網，2001-7-11。

[53] 〈王在希重提兩岸一中息爭〉，中央日報，2001 年 8 月 31 日。

參訪；一方面積極邀訪台灣在野黨、媒體、工商企業團體，並給予不同程度的高規格接待，藉以區隔台灣領導人與民眾，甚至孤立陳總統。如邀訪民進黨籍民選市長謝長廷前往大陸參訪，高規格接待台灣在野黨團、[54]新聞媒體、工商企業、立法委員與退職政務官、將領，[55]言辭也緩和許多，並同意開放部分交流項目等。對台灣內部要求「宗教直航」與「三通」的聲音，則提出「一個中國、直接雙向、互惠互利」，[56]將責任推向民進黨政府，如新聞交流與三通，藉此擴大台灣人民與新政府之間的矛盾。

3、兩岸城市交流：

２０００年七月錢其琛於會見新黨訪問團，明確表示兩岸可以先進行城市互訪後，「兩岸城市交流」即成為中共對台政策的一環。八月份「全國台辦主任會議」，又再度確立對台城市交流原則：在不違反「一個中國」原則下，推動大陸各城市與台灣各城市的交流合作。在此政策下，臺北－上海間進行多次「城市論壇」活動。上海副市長馮國勤在２００１年元月份訪問臺北市，[57]臺北市副市長白秀雄於二月份訪問上海。[58]大陸縣市級首長，如南京市副市長羅志軍、戴永寧、深圳市長于幼軍、廈門副市長陳聰輝、寧波市副市長邵占維、蘇州市委書記陳德銘、昆山市委書記季建業及三位「副市長」紛紛透過台灣商業界人士居間，以交流名義訪問台灣，表面上看來係從事經濟科技交流，但實際上頗有招商之嫌，並藉機宣傳中

---

[54]〈錢其琛會見蕭萬長率領的台灣訪問團〉，新華網，2001 年 5 月 11 日。

[55]〈台灣退役將領團將訪問大陸〉，人民網，2001 年 4 月 29 日、〈錢其琛會見台灣「中華黃埔四海同心會訪問團」〉，新華網，2001 年 6 月 8 日。

[56]〈中共國台辦副主任李炳才接見新黨大陸訪問團〉，2000 年 7 月 11 日。

[57]〈北市府將邀上海副市長馮國勤來訪〉，中國時報，2000 年 9 月 15 日。

[58]〈白秀雄今天參觀上海中小學復旦大學考察教育〉，中央社，2001 年 2 月 26 日。

共政策，亦不排除有為兩岸城市交流探路之可能。[59]

4、加強對台青年工作：

台灣青年與學生向為中共對台工作重要的對象之一，發展兩岸文教交流更為中共不餘遺力、積極推動的重點工作。錢其琛於２００１年「江八點」七週年時提出「歡迎更多的台灣青年來祖國大陸學習深造，開創事業、伸展才華」，更家確立加強兩岸青年交流的對台方針。[60]

每年寒、暑假期間，大陸各地台辦系統與對台單位，紛紛用夏令營或研討會形式，以落地接待方式，有系統地邀請國內專家學者及大專院校在學青年赴大陸從事各種文化及學術交流活動，增進台灣學生對中國大陸的認識與情誼，尤其是中南部青年學者，更是中共積極接觸的對象，著重於與台灣民間人士或在野力量互動，尤其是強化對我青年學生的文化交流活動，並以民族主義、中華文化等軟性訴求，加速對我青年學者的文化統戰。[61]

5、擴大招商活動，藉經濟利益轉化台商政治立場：

相關具體作為包括：中共中央統戰部同意台商加入省市級以下政協、人大委員；錢其琛與東莞台商座談時，指示應於其他台商集中地區成立台商子弟學校；國台辦宣布下放台灣記者赴大陸採訪的受理、審批權，並簡化相關手續；國務院台灣事務辦公室與新聞辦公室所聯合辦理的「台灣問題圖片展」，持續巡迴在大陸各省市展出；兩岸媒體共同舉辦「海峽兩岸

---

[59] 〈大陸城市對台招商 暗中較勁〉，民生報，2001 年 03 月 26 日，二版。

[60] 〈紀念江主席八項主張發表 7 周年 錢其琛發表講話全文〉，北京新華網，2002 年 1 月 24 日。

[61] 陸委會，〈大陸情勢分析〉，2001 年 10 月。

知識大賽」(包括網路與電視兩種形式)，吸引兩岸與國際的大學生參與；以及兩岸媽祖廟在湄洲島合辦媽祖文化旅遊節等。[62]

二、兩岸三通與直航問題

(一) 以商圍政、以經促統

在陳水扁未明確認同「一中」原則前，看不到兩岸經貿交流更清楚的前景，台商會感到恐慌。「三通」並非在任何條件下都是大陸追求的目標，大陸不同意在國與國的關係下進行「三通」。因為中共認為這等於是用『三通』交換大陸在政治上的讓步」是一種對「兩國論」、台獨的肯定鼓勵。

兩岸三通不僅攸關到兩岸的產業分工與企業的全球佈局，更涉及到兩岸經濟能否在全球化的浪潮下，秉持資源分享、優勢互補，也直接影響到兩岸最為迫切的和平與發展兩大主軸。中共目前做法可歸結為「一個中國、兩手策略、三黨接觸」，擴大與立法委員之間的接觸，以對台灣要求擴大來台交流的數量。中共最後的總目標即為誘引台資，拖住台灣，形成兩岸經濟依賴關係，削弱台商對我政治認同，「以經促政」從而完成統一的最後目標。

中共國台辦主任陳雲林在二○○二年八月二十二日接見我「電機電子工業同業公會」訪問團時，繼中共交通部之後再次表明，兩岸三通是大陸方面既定政策，希望兩岸三通不要受到政治因素的影響和干擾，兩岸應坐下來繼續談三通。中共副總理錢其琛在二○○二年十月中旬會見台灣媒體時，更進一步提出「兩岸航線」的說法，似乎有將三通與一中脫鉤之意。

中共係將三通定位為「防獨促統」的策略手段，近年來，中共隨著經

---

[62] 陸委會，〈大陸情勢分析〉，2003 年 01 月。

濟的發展，在兩岸關係中固然目標仍然確定，但是策略日漸彈性，手法也逐漸柔軟，公開場合不再提「不放棄武力」之類的強硬字眼。各級官員與學者的相關發言也儘量寧軟毋硬。中共提出將兩岸航運定位為「兩岸航線」，而不涉及「一個中國」的看法，更容易取得外國的諒解，並給予民進黨政府相當大的壓力。在「一個中國」不再是前提後，民進黨政府目前只能以「安全」為理由來拒絕「三通」，而不能再以「政治定位」說辭來拒絕，這使得民進黨政府已經感受到極大的壓力[63]。

下表為民進黨執政後，中共國台辦針對兩岸三通所列舉的進展紀要：

表 5-2、兩岸三通大事記（2000 年 4 月至 2003 年 3 月）[64]

時間	事件
2000 年 4 月	➤ 1999 年至 2000 年先後建成歐亞、中美和亞太海底光纜，建立了兩岸直達路由，兩岸的電信公司互相開辦直接通電多項業務。 ➤ 台灣公佈實施《離島建設條例》，該條例第 18 條規定，「在台灣本島與大陸地區全面通航之前，得先試辦金門、馬祖、澎湖地區與大陸地區通航」。
2000 年 12 月	➤ 中共外經貿部公佈了《對台灣地區貿易管理辦法》。 ➤ 台灣行政院公佈《試辦金門馬祖與大陸地區通航實施辦法》。
2001 年 1 月	➤ 民進黨政府開放金門、馬祖與福建沿海「小三通」。金門、馬祖客船首次直航廈門、福州馬尾港，實現海上客貨直航。 ➤ 1 月 28 日，福州馬尾經濟文化合作中心代表與馬祖地區代表在福州簽署了《福州馬尾--馬祖關於加強民間交流與合作的協定》。
2001 年 2 月	➤ 2 月 6 日，廈門「鼓浪嶼」號客船載著 75 名居住在廈門的

[63] 張亞中，〈中共對台新策略儼然成形〉，中央日報，2002 年 11 月 6 日。
[64] 資料來源：〈兩岸三通大事記〉，中國國務院台灣事務辦公室網站。〈http://www.gwytb.gov.cn/last/006.htm〉

	金門籍同胞，從廈門首次直航金門探親。 ➤ 台灣銀行金門分行由原簡易外匯銀行分行升為功能齊全的外匯指定銀行，自3月1日起辦理各項海外匯款業務。
2001年3月	➤ 廈門市兩岸交流協會代表與金門地區兩岸關係交流協會代表簽署了《關於加強廈門與金門民間交流交往合作協定》。
2001年7月	➤ 福建省組織了晉江市50家知名企業、2000多件產品首次赴金門舉辦「晉江市名優特產品金門展銷會」，這是中國大陸產品首次在台灣地區展銷。 ➤ 福州馬尾經濟交流合作中心組團赴馬祖考察，這是福建船舶首次直航馬祖。 ➤ 台灣召開「經發會」，在兩岸「三通」方面達成如下共識： (1)配合加入 WTO 進程，開放兩岸直接貿易及兩岸直接通郵、通訊等業務。 (2)整體規劃兩岸「通航」事宜，並通過兩岸協商予以落實推動。 (3)擴大「境外航運中心」功能及範圍，開放貨品通關入境。 (4)積極評估建立「經貿特區」。此後，台灣當局以「積極開放、有效管理」取代「戒急用忍」政策。
2001年11月1日	➤ 海南三亞飛行責任區改由大陸空中交通管制部門負責，台灣5家航空公司的飛機飛行東南亞國家的航班均使用該航路，大陸航管部門為台灣航空公司提供了安全、優質、高效的空中交通服務。 ➤ 台灣開放銀行赴大陸設立代表處。
2001年11月	➤ 兩岸先後加入世界貿易組織(WTO)。 ➤ 台灣擴大「境外航運中心」功能，允許大陸貨物進入出口加工區、工業園區、科技園區、保稅區加工後再出口。
2002年1月	➤ 台灣當局開放兩岸直接貿易，允許雙方直接簽訂貿易合同，台商可直接到大陸投資，開放台灣的外匯業務銀行與大陸銀行間辦理通匯業務。
2002年2月	➤ 中共民航總局與台灣中華飛航管制員協會達成協定，相互交換航行通告和航空氣象情報。
2002年5月	➤ 台灣的「金航二號」直航福州馬尾港接運2300噸自來水運抵馬祖。
2002年6月	➤ 國務院台灣事務辦公室主任陳雲林在會見台灣政商界「三

	通」參訪團時指出，「三通」不能實現，受影響最大的是台商，對台灣經濟發展也是不利的，同時還造成台灣民　每年無謂的經費、精力和時間的浪費。這種狀況不應該再延續下去了。當前，只要把「三通」看作是一個國家內部的事務，就可以通過民間對民間、行業對行業、公司對公司進行協商的辦法，儘快通起來。
2002 年 7 月	➢ 澎湖 257 名信徒乘台灣「超級星」號客船首次直航福建的泉州港。
2002 年 8 月	➢ 台灣當局開放大陸資本投資台灣的不動　。
2002 年 11 月	➢ 江澤民同志在党的十六大報告中指出：「實現兩岸直接通郵、通航、通商，是兩岸同胞的共同利益所在，完全應該採取實際步驟積極推進，開創兩岸經濟合作的新局面」。
2003 年 1 月 24 日	➢ 錢其琛副總理在紀念江澤民主席發表《為促進祖國統一大業的完成而繼續奮鬥》講話八周年座談會上指示，儘早實現兩岸直接「三通」，是大勢所趨，人心所向，也是當務之急。「三通」作為經濟性事務，理應以兩岸同胞的切身利益和實際需要為優先，而不應受到任何政治因素的干擾和影響。以民為本、為民謀利，應當是解決「三通」問題的立足點和出發點。「三通」是兩岸之間的事，是經濟問題，「三通」商談不是政治談判，可以不涉及一個中國的政治含義。為早日通起來，協商方式可以儘量靈活，解決辦法應當簡單易行。在兩岸的民間行業組織就「三通」的技術性、業務性問題達成共識後，由各方自行取得確認，就可以通起來。
2003 年 1 月 26 日至 2 月 10 日	➢ 近 4000 位台商及眷屬從福建省廈門、福州分別乘客船至金門、馬祖，轉乘飛機返台灣本島過春節。大陸方面對台商春節包機和經金門、馬祖返鄉過年給予大力協助，周到服務和妥善安排。 ➢ 台灣中華航空公司的飛機經停香港飛抵上海接運台商返鄉過春節。台灣共六家航空公司的飛機先後經港澳機場飛抵上海，飛行 16 班、32 架次，往返運送 2478 位台商及眷屬。這是台灣民航飛機首次以正常方式航行大陸。
2003 年 3 月 20 日	➢ 國務院台灣事務辦公室和民政部聯合頒佈《台灣同胞投資企業協會管理暫行辦法》。 ➢ 美國向伊拉克開戰，中共大陸允許台灣航空公司的飛機飛

	越大陸空域。3月27日，台灣中華航空公司的飛機飛越大陸上空抵達歐洲國家。

（二）金馬「小三通」

中共在１９９３年頒佈「對台灣地區小額貿易的管理辦法」，對於小額貿易設有下列限制：（1）只能由台灣地區居民與大陸對台小額貿易公司進行；（2）只能在指定口岸進行；（3）只能使用一百噸以下的台灣船隻，且每船每航次進出口限額為十萬美元；（4）應以貿易形式為主進行，採用限匯形式進行者，應以中共允許兌換之外幣進行結算。且按外匯管理規定進行處理；（5）對台小額貿易貨物船隻均不得出現違反「一個中國」即中華人民共和國的字樣及旗、徽、號等標記。[65]

中共外經貿部於２０００年底公布的「對台灣地區貿易管理辦法」，其中有兩點與小三通有關。第一，辦法中明白宣稱，未來將排除以金馬地區作為兩岸貿易的轉口站。第二，在各種原則性與貿易規則技術性處理上，均有意將兩岸貿易定位為「國內地區間轉口或轉運」，等同經過香港、澳門進出口模式，為小三通以及將來大三通或兩岸加入世貿組織後的兩岸貿易，套上「一個中國」框架。[66]

２００１年一月一日，在中共的刻意排拒的情況下，「海安號」首航失敗而草草收場。一月二日，來自金門、馬祖的民眾訪問團、進香團則分別直航廈門、福州成功，才完成了兩岸分隔五十多年來的首次客輪直接通航。香港文匯報三日發表福建官方處理「小三通」的三項原則：給予臺胞

---

[65] 〈關於對台灣地區小額貿易的管理辦法〉，中共對外貿易經濟合作部、海關總署，1993 年 9 月 25 日發布。〈http://www.mac.gov.tw/big5/rpir/5_7.htm〉
[66] 〈對台灣地區貿易管理辦法〉，中共對外經濟貿易合作部，2000 年 12 月 29日。

落地簽證，提供各種方便；不開放大陸人民到金、馬旅遊，但可前往探親；不允許通過金、馬轉口貨物。[67]

　　廈門大學台研所所長范希周及前所長陳孔立二日接受記者訪問時稱，「小三通」通航，大陸回應雖低調，但卻是善意回應和政策上的突破，惟「小三通」與「大三通」沒有直接關係，台灣方面不可以此迴避「一個中國」原則，也不應將「小三通」泛政治化，以免引起兩岸未來的爭論。北京人民大學台港澳中心教授黃嘉樹表示：「小三通不過是將大陸早已容許的金馬與福建之間的小額貿易予以合法化而已，民進黨政府認為是有突破性的進展，但在北京看來並無新意」。中國社科院台研所副所長余克禮則認為：「民進黨政府開放『小三通』，主要是藉此緩解日益增加的內部壓力，並營造兩岸關係改善氣氛，但並無法滿足台灣社會在經貿上對全面三通的強烈需求」。[68]

　　中共廈門市黨委機關報－廈門報四日發表題為「兩岸直接三通不可阻擋」社論，稱兩岸「三通」應遵循「一個中國、直接雙向、互惠互利」原則實施，中共提出金、馬與福建沿海往來事宜，由當地民間組織本著「一個國家內部事務」原則協商，其用意即為迴避不必要的障礙，使兩岸民眾能夠儘快直接往來。[69]

　　中共外交部發言人朱邦造在例行記者會上稱，台灣推動「小三通」是在敷衍臺灣民眾要求「三通」的願望，也說明在兩岸「三通」問題上「缺乏誠意和善意」，但對於這項有利兩岸交流的措施，將會提供幫助和方便，

---

[67] 香港文匯報，2001 年 1 月 3 日。

[68] 〈大陸學者：對兩岸關係實質意義不大〉，中國時報，2001 年 1 月 3 日。

[69] 〈海峽兩岸關係紀要〉，陸委會網站，2001 年 1 月。
　　〈http://www.mac.gov.tw/big5/mlpolicy/cschrono/9001.htm#001〉

也希望台灣方面能夠將手續儘量簡化。[70]對大陸而言，根本不存在「小三通」的問題，金、馬與福建地區事實上已進行了多年的小額貿易，如今民進黨政府將之「除罪化」，僅具宣傳上的意義，根本無法滿足直接「三通」的需求。中共認為所謂的「小三通」沒有任何實際意義，只是民進黨為了擺脫在大陸政策上的困境，換取時間以迴避「一個中國」原則，沒有提供任何行之有效的方法來改善兩岸關係。

究其用意，中共仍在於對民進黨政府施壓，要求大三通，並防止民進黨政府以小三通長期遲滯大三通。在民進黨政府開放小三通之後，中共認為台灣「小三通」政策晦暗不明，須由行政部門提出具體政策，如取消大陸產品的負面表列與中資入台規定等。這是中共官方首次緊縮兩岸「三通」的條件。中共副總理錢其琛對國民黨立委三通訪問團指出，未來在大三通的海運方面，往來船隻可以不必掛旗。至於空運方面，可比照目前小三通的海運模式，由民間航運業者自行協商即可，不必涉及政府單位。顯示中共有意以小三通不經政府間先行協商即可實施的模式，直接套用在大三通之上，以誘使台灣儘速開放大三通。[71]

（三）兩岸直航問題

1、「兩岸航線」的概念提出

兩岸欲進行通航，首先必須面對的是航線定位。兩岸航線究竟是界定為國際航線、國內航線，抑或是特殊航線？兩岸通航必然涉及到雙方公權力的協商，無論是兩岸海運直航面臨營運船舶國籍、證照及查驗規定、營

---

[70] 〈外交部發言人朱邦造在記者招待會上答記者問〉，2001 年 1 月 4 日。
[71] 〈錢其琛：兩岸隨時可協商三通〉，聯合報，2001 年 1 月 6 日。

業機構、航線定位審核與船席指派、船員管理規定、船舶進港管理與航行航道規劃、發生船難事故的搜救與海事調查等管理架構問題，亟需雙方進行協商。另外，兩岸空運也必須釐清、解決航線定位、航權取得、航管交管與通訊方式、機場設施（含起降額度、助導航設備等），以及航線規劃等問題，也必須納入兩岸直航協商的範圍。

中共國台辦主任陳雲林在２００２年八月接見「台灣電機電子工業同業公會」訪問團時，繼中共交通部之後再次表明，「兩岸三通是大陸方面既定政策，希望兩岸三通不要受到政治因素的影響和干擾，兩岸應坐下來繼續談三通」。[72]中共副總理錢其琛２００２年十月中旬，更進一步提出「兩岸航線」的說法，似乎有將「三通」與「一中」脫鉤之意，運用「一個國家內部事務」說詞來代替一中原則，但實際上仍未脫「一個中國」框架範圍。[73]

兩岸是一個非常特殊的關係，既不是國與國的關係，難道是一個國家內部中央與地方的關係嗎？因此**兩岸可能共同接受的一點，就是「兩岸航線是一個特殊航線」**。在通航中，把兩岸關係模糊化處理。大陸方面最好不要講「一國內部的」，必要時可以講「不是國與國的」；台灣方面也可以說，這「不是一個國家內部的航線」。如果航線定位問題可以解決，接下來的問題自然容易解決。

根據郭建中教授的分析，在兩岸加入ＷＴＯ後，中共很難將「兩岸航線」定位為國內航線，主要原因有：[74]

---

[72] 〈陳雲林：推動兩岸直接「三通」是既定不變的政策〉，中國新聞網，2002年 8 月 22 日。

[73] 〈錢其琛：三通定位為「兩岸航線」〉，聯合報，2002 年 10 月 17 日。

[74] 郭建中，〈ＷＴＯ架構下兩岸建立經貿關係的國際經貿機制、經濟基礎及

(1)香港至中國大陸間的航線,在費用上是屬於國際航線的費用,任何人搭乘這一條航線都必須要付國際航線的費用,因此很難把兩岸的航線和香港到中國大陸的航線區隔開來;

(2)當兩岸都成為國際經濟貿易組織的會員國時,兩岸之間的航線應該是屬於賺錢的熱線,國際航空的業者不可能放掉此一塊肥肉,而不對兩岸的政府施加壓力;

(3)兩岸的航線牽涉到航權的問題,難由一方面的政府決定其航權的性質,須由兩岸的政府協商而定之。因此中國大陸的副總理錢其琛在今年十月份接見台灣的訪問團時,提出兩岸之間的航線,不是國際航線也不是國內航線,而是「兩岸航線」,但兩岸航線的真正定位是什麼至今尚未清楚。但值得觀察後續的變化。

兩岸立即直航並非中共最大利益,其目的乃以「兩岸航線」為誘餌,先讓我政府「應允直航」,中共再以預備性商談的「不急於開展」態度,逐步約制我方政策作為。福建與台灣的經貿關係發展、「兩岸三通」的推動,都是中共吸納台灣經濟資源、避免台灣經濟國際化的戰略構想。[75]中國當局就政治戰略考量,採取『以商逼政』、『以商促通』、『以通促統』的原則,先以台灣接受其片面定義之『一中原則』為恢復談判的前提,並將兩岸直航地位為『國內事務』。無論兩岸直航在表面上的名稱是『特殊航線』,或『兩岸航線』,**重要的檢驗指標是國際航商是否能通行兩岸三地?若是中國當局堅持排除國際籍船輪行駛兩岸直航航線,則本質上還是**

可能互動的模式〉,《展望 2003 年兩岸政經發展研討會》,行政院研考會、台灣智庫與中山大學社會科學院主辦,2002 年 12 月 1 日。

[75] 請詳見李文志,〈中共的亞太戰略:海洋戰略的開展與挑戰〉,國家政策研究中心出版,1996 年。

將直航定位為國內航線。

2、春節包機直航

在操作「台商春節包機返鄉」議題上，中共由開始的「願意務實推動，積極促成」，到「一定要雙向」、「不必要經過港澳地區」、「兩岸必須協商」，再到不堅持「雙向包機」、「中途停降港澳」，至最終正式批准台灣六家民航業者的申請，策略操作上展現高度的彈性與柔軟度。[76]如同錢其琛在與東莞台商座談時的「三通」喊話：「一下子做不到的，可以逐步去做」，[77]顯示中共欲藉包機方式為其「三通」政策謀求一突破點的意圖相當明確，此番也是中共「十六大」後落實「寄希望於台灣人民」的一項具體表現。

國務院台灣事務辦公室副主任王在希表示，「公道自在人心。如果「三通」效果不好，台灣就不會有那麼多要求盡快實現直接「三通」的迫切呼聲」、「春節包機是個案。今后凡是有利於兩岸民眾往來的事情，大陸方面都會積極支持的」。[78]國台辦新聞發言人張銘清在例行新聞發佈會，針對包機直航問題表示，台灣方面有關包機繞行港澳的模式並非直航，而是「曲航」。「我們儘管很不滿意，但對此仍將積極配合，各方面將給予務實推動」。[79]

---

[76] 胡石青，〈從「春節包機」看兩岸直航的艱難路程〉，人民網，2003 年 1 月 27 日。

[77] 〈錢其琛:任何情況下臺胞到大陸搞經濟活動政策不變〉，2002 年 12 月 8 日，華廈經緯網。

[78] 〈王在希談包機返鄉:兩岸「三通」公道自在人心〉，中新社，2003 年 1 月 23 日。

[79] 〈國台辦例行發佈會聚焦十六大報告和「三通」〉，中新社北京，2002 年 11 月 27 日。

三、中共對台政策調整後之效果評估

近年來美僑商會年終白皮書都指出，**兩岸間持續不能三通，一直是影響外資赴台投資意願的主要因素。**[80]換句話說，缺少了三通的支持，台灣將很難具備製造、營運、服務的優勢，也不可能成為外資到亞洲地區投資的第一跳板。意味著「戒急用忍」政策和對直航的抗拒，不但阻絕了兩岸交流的機會和雙方情感，也使得台灣和世界的交往產生了限制。不僅旅行成本的無謂增加、限制台灣成為亞太海空運中心的發展，且阻礙外國廠商的投資意願，對經濟成長高度仰賴國際貿易的台灣而言，無疑是極為負面的影響。

根據中國時報的民意調查顯示，有六成一受訪者支持在不經過第三地的狀況下，允許飛機與船隻直接來往台灣與大陸；一成三的人，表示不贊成這種做法。五成二受訪者認為兩岸三通將造就台灣經濟的第二春；二成一則認為在大陸強大吸磁效應下，國內產業西進的現象日益嚴重，將損及台灣生存命脈；有四成受訪者認同錢的說法，覺得三通不提國內或國際航線，可定位為兩岸航線，是具有創意與善意的主張；二成七不同意。[81]

兩岸三通其實祗是手段而非目的，兩岸三通更不是台灣經濟的萬靈丹，如同張五岳教授所言：兩岸直航可以難如登天，也可以易如反掌，如果中共在兩岸通航上一再強調一中前提與一國內部事務，並希望藉由航權談判體現，則欲讓台灣接受，可謂難如登天；如果中共在兩岸航權談判上，

---

[80] 〈說直話的是真朋友—不要忽視「美僑商會白皮書」〉，遠見雜誌，2003 年 3 月 21 日

[81] 〈民眾對兩岸三通直航之看法〉，中國時報民意調查組，2002 年 10 月 18 日。

　〈http://www.rdec.gov.tw/res02/show91_126.htm〉

祇是防範兩岸通航淪為國際通航與國際航線，則可謂易如反掌。同樣的，台灣方面如果欲藉由兩岸通航凸顯兩國關係的國際航線，亦可謂難如登天；但如果旨在防範兩岸通航淪為一國內部通航，則是易如反掌。

第五節　針對「一邊一國論」的政策調整與效果評估

一、對「漸進式台獨」的抨擊

中共對民進黨政府「漸進式台獨」的批評，自2000年「五二○就職」以來，始終未斷。中共提出「文化台獨」的說法，將李登輝時期即展開之「本土化」，定性為去中國化的「文化台獨」，並作為批判民進黨政府主張「台獨」的口實。[82]大陸相關單位，如「文化部」、北京文化界、福建「台辦」、福建文化界、「海峽兩岸關係研究中心」，也陸續以座談會或研討會形式強調中華文化的主體性，並批駁「文化台獨」的分裂性行為，用「本土化」取代「中國化」，以建立台灣的主體意識。。[83]

2001年六月，中共國台辦副主任王在希在「中華文化與兩岸關係論壇」研討會中，批評台灣領導人搞「文化台獨」。並指稱「文化台獨」是台灣分裂勢力，藉由改變台灣同胞的文化認同、民族認同、國家認同，破壞海峽兩岸和平統一的基礎，推行「台獨」分裂圖謀的手段。[84]中共所

---

[82] 關於中共對於「文化台獨」的認知，可參考歐默言，〈文化台獨的來龍去脈〉，中國網，2001 年 8 月 16 日。

[83] 〈唐樹備在中華文化與兩岸關係論壇開幕式上發表講話〉，中華文化與兩岸關係論壇，2001 年 6 月 17 日。

[84] 〈中央臺辦、國務院臺辦副主任王在希在閉幕式上發表講話〉，中華文化與兩岸關係論壇，2001 年 6 月 17 日。

認為民進黨的「文化台獨」手段，包括：[85]

1、企圖借中文拼音做文章

2000 年 10 月 7 日，教育部宣佈放棄「漢語拼音」，改採「通用拼音」系統。中共認為民進黨政府此舉是為削弱台灣人民，特別是青少年的中華民族意識，割斷台灣同祖國的文化、歷史與血脈聯繫，以此作為分裂的工具。

2、「文學台獨」方面

在大學設置「台灣文學」系、所，企圖把「中國文學」放逐。國史館館長建議，在公務員普考的應考科目中，把「中國政治制度史」改為「台灣近代史」，另增考「日本近代史」，「文化台獨」的用心一望可知。日本右翼漫畫家小林善紀的《台灣論－新傲骨精神》在台灣正式出版並獲得某些人的認同，以至金美齡、許文龍在被續聘為「國策顧問」、「總統府資政」，所造成的影響及反應，不容忽視。[86]

3、強化「鄉土教育」

規定中小學生必須在客家話、閩南話、原住民語中選修一種，以此弱化「國語」（即普通話）在台灣的地位。由於歷史教科書不斷修改，台灣年輕一代的歷史意識，不但模糊不清，甚並有「反中國」的傾向。

4、海外僑胞分成「華僑」和「台僑」

將加入美國籍的台灣人稱為「台美人」（台裔美國人），而不稱為「華

---

[85] 〈警惕「文化台獨」的陷阱〉，新華網，2003 年 5 月 13 日。

[86] 林勁，〈淺析「文化台獨」的實質及影響〉，中華文化與兩岸關係論壇，2001 年 6 月 17 日。

裔美國人」或「美籍華人」，從稱謂上造成「台灣是台灣」，「中國是中國」，或「台灣有別於中國」的印象。

　　台灣２００１年底立委選舉結果產生後，中共國台辦發言人張銘清在例行記者會中強調「台灣主流民意是反對台獨、主張發展兩岸關係，台灣選舉結果不影響大陸對台政策」。[87]而新華社、中新社等主要官方媒體對選舉新聞幾乎完全消音，顯見中共官方針對非如預期的台灣選舉結果，初期意欲先穩定兩岸局勢為考量，不會立即對台改變或現行具體策略作為，以爭取整合內部意見，確立基調的時間。[88]

　　２００２年一月，錢其琛「江八點」七週年談話後，中共隨即召開台辦主任會議，並在大陸各地陸續召開對台工作會議，傳達對台工作的具體方向與主軸，批判及防範「漸進式台獨」。針對民進黨政府在中華民國護照上加註「Issued in Taiwan」字樣，中共國台辦於２００２年十月發表聲明稿，將此舉定性為「漸進式臺獨」。[89]中共官方不斷利用各種場合肆意批判，並動員媒體、學者、民主黨派、海外親中團體大力批判民進黨進行「漸進式台獨」及「去中國化」，並將「漸進式台獨」之內涵予以無限上綱，舉凡台灣內部所推行之本土教育、民間團體更名、變更場地佈置等均解讀為「漸進式台獨」的一環。

5、「一邊一國論」提出後

　　在陳水扁總統２００２年八月三日，宣示「台灣跟對岸中國一邊一

---

[87] 〈國務院台灣事務辦公室新聞發言人張銘清答記者問全文〉，人民網，2001年12月5日。

[88] 〈大陸情勢分析〉，陸委會網站，2002年1月。

[89] 〈國台辦發言人就台居民旅行證件封面標註「台灣」發表評論〉，人民網，2002年10月30日。

國」、「用公民投票方式決定台灣的前途、命運和現狀」之後，中共中央台灣工作辦公室、國務院台灣事務辦公室新聞發言人迅速地發表談話。認為「這些言論與李登輝「兩國論」如出一轍，充分暴露了他頑固堅持「台獨」立場的真面目，是對包括台灣同胞在內的全體中國人民的公然挑釁，也是對國際社會公認的一個中國原則的公然挑釁，必將對兩岸關係造成嚴重的破壞，影響亞太地區的穩定與和平」、「嚴正警告台灣分裂勢力，不要錯判形勢，立即懸崖勒馬，停止一切分裂活動」。[90]並在人民日報、新華社等主要媒體發表一系列評論文章譴責陳水扁總統的「台獨陰謀」。[91]

中共方面的反應迅速且強烈，迫於客觀形勢演變，陳水扁總統與陸委會亦對此立即做出因應措施，陸委會在八月五日與六日分別提出說明與說帖，解釋陳水扁「一邊一國論」；[92]陳水扁總統則以「兩岸主權對等論」為「一邊一國」降溫，強調台灣主權獨立，試圖減緩國際輿論批評與中共激烈反應。[93]

二、中共權力交替與對台政策

（一）「後江澤民時期」的對台政策

---

[90]　〈國台辦警告陳水扁：懸崖勒馬　停止一切分裂活動〉，人民網 2002 年 8 月 5 日。

[91]　例如：〈危險的挑釁——評陳水扁的分裂言論〉，人民日報評論，2002 年 8 月 6 日。〈「台獨」不得人心　分裂難逃失敗〉，新華社，2002 年 8 月 7 日。

[92]　〈陳總統八月三日有關大陸政策談話本會之說明〉，陸委會網站，2002 年 8 月 5 日。

　　〈有關陳水扁總統八月三日談話之說帖〉，陸委會網站，2002 年 8 月 6 日。

[93]　〈陳水扁對「一邊一國五點宣示　強調「主權對等」〉，人民網，2002 年 8 月 7 日

中國共產黨於２００２年 11 月 8 日召開「第十六次全國代表大會」[94]（以下簡稱「十六大」），進行黨的換屆，眾所關心的除「十六大」人事改組與新政策取向外，對台人事佈局亦是值得關注的課題。另外，中國大陸第十屆「全國人大」及「政協」第一次會議於２００３年三月十八日及十四日閉幕，由胡錦濤、曾慶紅當選國家主席、副主席，溫家寶當選國務院總理，吳邦國當選全國人大常委會委員長，賈慶林當選全國政協主席，江澤民與胡錦濤分任國家軍委主席、副主席。[95]

江澤民於「十六大」發表「**全面建設小康社會，開創中國特色社會主義事業新局面**」政治報告，其中對台政策部分以「『一國兩制』和實現祖國的完全統一」為標題，重申北京將堅持「和平統一、一國兩制」基本方針，貫徹「江八點」，呼籲在一個中國原則基礎上，暫時擱置政治爭議，恢復兩岸對話和談判，主張「一中」前提下，「三個可以談」，強調「寄希望於台灣人民」，實現兩岸直接「三通」，絕不承諾放棄使用武力，以及「台灣問題不能無限期地拖延下去」。[96]

整體而言，江的報告說明了「十六大」後對台政策的基本方針不變，但通篇語調似較和緩，表達的方式及文字結構與１９９５年「江八點」的內容相互呼應，顯示其政策及作法逐漸回歸基本面，未來將以「促通」，加強經貿，文化交流等具體事項做為對台工作的主軸。[97]

---

[94] 「中共中央政治局全體會議建議中國共產黨第十六次全國代表大會 11 月 8 日召開」，人民日報（海外版），2002 年 8 月 26 日，第 1 版。

[95] 〈中共重要人事任免〉，新華網。

〈http://www.xinhuanet.com/newscenter/rsrm.htm 〉

[96] 江澤民，《全面建設小康社會，開創中國特色社會主義事業新局面》，在中共十六大上所作報告，2002 年 11 月 14 日通過。

[97] 〈大陸情勢分析〉，陸委會網站，2003 年 1 月。

　　台灣學者董立文教授指出，兩岸關係不是十六大的重點議題，也不是中共未來的施政重點，因此十六大的對台政策意涵，基本上是「**原則不變，策略翻新**」，不提鄧小平，刻意凸顯江的對台政策思想，在延續對台軟硬兼施的兩手策略下，罕見地把過去五年對台政策新說法，都放在政治報告內，其內容包括：[98]

1、兩岸關係的基本格局與發展趨勢沒有改變。

2、一個中國新三段論。

3、「一中原則」下擱置政治爭議，及「三個可以談」。

4、願與台灣各黨派人士交換意見。

5、發展台灣經濟可以大陸為腹地。

6、台胞在大陸可以行使管理國家權利。

（二）未來對台政策走向

　　中共新的領導階層目前重點在於鞏固內部，同時盱衡大陸內、外情勢，在兩岸關係上採「穩中求變」。[99]從第四代領導人有關對台政策言論觀之，尚難判斷其自己的對台政策的立場與態度，惟基本上不脫中共統一說詞，「**和平統一、一國兩制**」以及「**江八點**」仍將為渠等接班後對台政策主軸。加上中共新領導階層多為技術官僚出身，決策時較為理性，因此在對台政策方面應不致有冒進舉措，對於「一個中國原則」及「不承諾放棄武力犯台」立場仍不致鬆口。

---

[98] 董立文，〈十六大後的兩岸關係〉，《和平論壇》，戰略研究所， 2002 年 11 月。
　　〈http://www.dsis.org.tw/peaceforum/symposium/2002-11/MP0211003.htm〉

[99] 錢其琛 2003 年 1 月 24 日北京「江八點」八周年座談會表示：「我們方針政策的連續性、穩定性，也充分體現了與時俱進的時代精神」

胡錦濤於２００３年３月 11 日參加「全國人大」台灣代表團分組會時，針對新形勢下的中共對台工作提出四點意見：「一是要始終堅持一個中國原則；二是要大力促進兩岸的經濟文化交流；三是要深入貫徹寄希望於台灣人民的方針；四是要團結兩岸同胞共同推進中華民族的偉大復興」。以及對台工作的**「三個凡是」：「凡是有利於台灣人民的利益、凡是有利於祖國的統一、凡是有利於中華民族偉大復興，我們都要全力推動。」**另外，胡錦濤亦重申了「江八點」的對台政策看法。[100]

在「十六大」之後，中共高層人士的發言，除進一步詮釋對台政策的意涵外，並確立對台工作的主軸，相關對台政策的談話整理如下：

表 5-3、「十六屆人大」召開前後中共高層對台相關發言[101]

發言時間與場合	發言者	發言重點
2003.1.13～15 全國台辦主任會議	錢其琛	➢ 堅持「一中」原則、落實「江八點」 ➢ 重申「和平統一、一國兩制」 ➢ 擴大兩岸各項交流與往來 ➢ 「政經分開」積極實現「三通」 ➢ 承認「九二共識」兩岸復談 ➢ 寄希望於台灣人民

[100] 〈胡錦濤提出對台工作四點意見、三個凡是〉，中國時報，2003 年 3 月 12 日。
[101] 資料來源：〈大陸情勢分析〉，陸委會網站，2003 年 4 月

2003.1.24 江八點八週年紀念座談會	錢其琛	➤ 未來 20 年大陸的現代化建設，為兩岸經濟合作、各方面交往提供了新的機遇，也為台灣經濟的發展提供了廣闊腹地。 ➤ 除持續推動科技、教育、文化等各項交流外，將繼續就密切兩岸經濟關係問題，與台灣各界人士深入探討，努力開創兩岸經濟合作的新局面。 ➤ 「三通」是當務之急，是兩岸之間的事，是經濟問題。不是政治談判，在兩岸民間行業組織就技術性、業務性問題達成共識後，由各方自行取得確認，就可以通起來。 ➤ 重申「三個可以談」、「一中新三句」，強調「寄希望於台灣人民」。「一邊一國論」是不得人心。 ➤ 「辜汪會談十週年」前夕，呼籲恢復兩岸對話與談判，強調珍惜「九二共識」得來不易的成果。
	陳雲林	➤ 堅持「一中」是對台工作的核心。擴大兩岸各項交流和人員往來是實現統一的基礎性工作。 ➤ 進行兩岸政治談判是和平統一的必由之路，在「一中」基礎上，兩岸恢復對話與談判。「一國兩制」是解決台灣問題的最佳模式。 ➤ 早日解決台灣問題是全國人民的共同願望，深入貫徹「寄希望於台灣人民」方針。 ➤ 依「一個中國、直接雙向、互利互惠」原則，推動兩岸直接「三通」。
2003.3.4 「政協」的「民革」、「臺盟」聯組會議	吳邦國	➤ 「一中原則」上恢復兩岸對話和談判。 ➤ 把打擊臺獨分裂活動擺在更為突出的位置上。 ➤ 解決台灣問題，寄希望於台灣人民。 ➤ 台灣問題不能無限期拖延下去。

2003.3.5 十屆「人大」一次會議	朱鎔基	➢ 貫徹「和平統一、一國兩制」及「江八點」。 ➢ 擴大兩岸人員往來和經濟、文化等領域的交流與合作，積極推進兩岸直接三通。 ➢ 反對任何製造「台灣獨立」、「兩個中國」、「一中一臺」的言行。 ➢ 加強與台灣各黨派和各界人士就發展兩岸關係、推進和平統一交換意見。 ➢ 繼續支持海外僑胞開展的「反臺獨、促統一」活動。
2003.3.11 「人大」台灣代表團分組會議	胡錦濤	➢ 重申「和平統一、一國兩制」及「江八點」。 ➢ 做好新形勢下對台工作的四點意見：堅持「一中」、大力促進兩岸經濟文化交流、深入貫徹寄希望台灣人民的方針、團結兩岸同胞共同推進中華民族的偉大復興。 ➢ 大力開展兩岸經濟文化交流，推進兩岸直接「三通」，強調服務台商，保護臺胞，寄希望於台灣人民。 ➢ 三個凡是：凡是有利於台灣人民的利益、凡是有利於祖國的統一、凡是有利於中華民族偉大復興，我們都要全力推動。
2003.4.7 法國「中國和平統一促進會」舉辦之海峽兩岸關係座談會	陳雲林	➢ 堅持「和平統一、一國兩制」及「江八點」。 ➢ 台灣接受「一中原則」與承認「九二共識」，兩岸恢復對話和談判。 ➢ 繼續與台灣各黨派各界人士就發展兩岸關係與推進和平統一交換意見。

從十六大後中國領導人對兩岸關係的發言來觀察，其對台政策表現出兩大特點：[102]

---

[102] 中華歐亞基金會，〈中共「十六大」權力繼承與政策走向總結報告〉，2002

1、明白揭示中共目前對台繼續承襲「和平統一、一國兩制」與「江八點」的一貫政策。

在和平統一的大框架下，現階段對台工作將以促進、推動兩岸文化與經濟的交流為主軸，並以實現兩岸直接「三通」為訴求。胡錦濤接替中共總書記後，必然要先「安內攘外」，先求權力繼承的平穩過渡，讓經濟開放政策繼續拓展，同時在國企改革與人事換新的措施上力求不要發生反彈。另一方面尋求與美國關係改善的可能性，以在台灣問題中尋得切入點。各種跡象顯示、第四代領導的對台政策短期內仍有相當延續性，江澤民的對台政策決策指導思想和規定的政策框架仍將受到充分尊重和延續，對台政策基本上是「江規胡隨」，應不致有太大改變。[103]

2、延續中共對台的軟性語調，亦反映出中共對台「軟硬兩手、內外有別」交替使用之策略始終未變。

第四代接班初期處理台灣議題的機率相對較低，尤其胡錦濤的脆弱集體領導結構，致使其對台政策不會有太大動作。在胡錦濤接任對台工作領導小組組長後，會有一熟悉對台事務的過程。中共未來十年對台鬥爭的基本目標，將從過去的「促統」改為「反分裂」，利用有限度的軍事打擊動作對我施壓，同時採刻意忽視台灣的作法，取代「寄希望於台灣當局」的舊有策略。在外交方面持續邊緣化台灣，並以「內政化台灣」爭取國際認同。經濟方面，加強與美日的貿易合作，再透過與東協國家簽訂自由貿易區途徑，排擠台灣經貿發展空間，致使台資向大陸移動，更加落實經濟吸納的統戰策略。

年 9 月。

[103] 陳子帛，〈中共對台政策：江規胡隨〉，信報財經，2003 年 3 月 14 日。

三、中共對台政策調整後之效果評估

　　楊開煌教授歸納 1 9 4 9 年迄今，民進黨執政後，中共的對台政策的具體對象為蔣氏父子、國民黨轉變為台灣人民；而對台政策始終為「一個中國，統一中國」沒有改變；但是在策略則從「**武力為主，和平為輔**」，到「**和平為主，武力為輔**」，再到「**一國兩制，實力原則**」；至於工作方法由「一綱四目統治台灣」到「兩黨和談，統戰台灣」，再到「反獨促統，經貿交流與區分朝野」。以下列表格來表示：[104]

表 5-4、中共對台政策的對象、原則、策略與工作的轉變

時 間 演 變 →

對象	蔣氏父子	國民黨	台灣人民
原則	一個中國，統一中國	一個中國，統一中國	一個中國，統一中國
策略	武力為主，和平為輔	和平為主，一國兩制	一國兩制，力爭和平，實力保證
工作	一綱四目，統治台灣	兩黨和談，統戰台灣	反獨促統，經貿交流，區分朝野

　　北京歡迎民進黨人士訪問大陸等建議，具有分化的政治目的，但民進黨政府應基於鼓勵兩岸接觸和增進瞭解的精神接受此議，同時設法防範對

---

[104] 楊開煌，〈當前中共的對台政策〉，國際與戰略研究所，和平論壇網頁，2001 年 7 月。
〈http://www.dsis.org.tw/peaceforum/symposium/2001-07/CSR0107004.htm〉

方的政治意圖，凡是增加兩岸接觸與交流之舉措，或能夠幫助中共瞭解台灣的作為，台灣當局都不應逃避。如何排除過多政治考量與介入，改善台灣自身的投資環境，強化台灣自身的經濟競爭力，才是目的。如果台灣經濟不再具有競爭力，任何形式的三通非但無濟於事，反而加速台灣經濟的空洞與失血。[105]

　　從中共權力過渡之結構因素來看，**台灣問題成為中共高層權力角逐的重要訴求與獨立變項的可能性不大。**中共對台政策的僵化性與未來領導成員結構的局限，恐怕難以構建更富彈性或突破性的對台政策新思維，加上台灣多元且劇烈的政治變遷所產生衝突與矛盾，可能是兩岸關係難以根本改善的結構性因素。**對台政策並非中共目前優先處理的課題，鑒於政權的「新舊交替」，以及大陸經濟與社會問題重重，「維持穩定」成為中共決策的基礎。換言之，只要台灣不撞擊到統獨的底線，現行「和平統一」的政策基調不致更張。**

　　未來胡錦濤主政之後的兩岸關係互動，只要繼續秉持實事求是的原則，充分重視台灣主流民意的意願，減少對台灣內部政治局勢的誤判或錯判，減少對台政策決策過程中的形而上學和片面主觀，相信一個務實取向的對台政策將會逐步佔據中共處理兩岸關係政策主導的主流。

---

[105]　〈張五岳指當前兩岸關係氣氛好轉〉，中央社，2003 年 1 月 27 日。

第六章　結論

　　民進黨執政初期，為因應民進黨上台所帶來的衝擊，中共採取「聽其言觀其行」的態度，一方面觀察民進黨政府是否貫徹「四不一沒有」的承諾；另一方面衡量民進黨執政後的相關施政作為，再決定中共對台的相關因應措施與政策調整。在內外環境的結構因素並未有巨大改變的情況下，**吾人觀察中共對台政策的產出結果，發現中共在對台政策上，仍然呈現「戰略穩定」的發展態勢，僅在戰術與運作策略上做調整。**

　　民進黨執政後的和緩與友善態度，化解了兩岸劍拔弩張的緊張氣氛，兩岸出現統合契機，但中共關於「一個中國」的內涵保持彈性，仍堅守「一個中國」原則的底線。由於民進黨政府與中共官方在國家認同與意識型態上完全迥異，因此在「一個中國」問題上，中共以「回歸九二共識」的訴求，將其視為談判協商的前提，希望間接壓迫民進黨政府接受「一個中國」原則。一方面運用統戰技巧，分化民進黨內部、拉攏台灣在野勢力；另一方面在全球進行「反獨促統」大串連，企圖增加民進黨政府在海外僑界的統合壓力。

　　在兩岸經貿層面，為因應兩岸加入ＷＴＯ與民進黨在經貿政策上所做的調整，中共加強對台經貿與民間交流，加強「寄希望於台灣人民」的策略方向，希望藉由「以商圍政」、「以經促統」的方式，透過「直航議題」逼迫民進黨政府接受「一個中國」原則，將兩岸無法協商談判的責任歸咎到民進黨政府身上。

　　為防止民進黨政府在兩岸關係與國家意識上，而有「漸進式台獨」趨勢，中共在宣傳上對民進黨「文化台獨」等作為大肆抨擊，圍堵台獨勢力

滋長空間。在回歸到對台政策的內外結構性因素，在中共權力交替時刻，以及有更多問題需要解決之前，「對台關係」並非中共當局的當務之急，在「穩定壓倒一切」的指導方針下，對台政策基本上不會有太大改變。

第一節　思考建議

個人無法在兩岸關係或對台政策上提出突破性的創見，亦不想重談陳腔老調的政策建議，因為解決兩岸問題的各種建議，早已是汗牛充棟，但兩岸關係仍然缺乏實質進展與突破。以下僅就筆者在研究過程中的思考體會，提出個人的淺薄心得見解，提供兩岸關係一些思考角度建議：

（一）兩岸莫以「陰謀論」互相看待

中共當局對民進黨政府，總是有「漸進式台獨」的疑慮；反之，民進黨政府亦覺得中共當局不安好心，老是想兼併台灣，完成一統江山的歷史任務。在這種互相猜忌，彼此存疑的心態下，兩岸很難發展出正常、健康的政治、經貿關係，亦難有互利雙贏的政策產出。若能敞開心胸，莫以「陰謀論」互相看待，無論兩岸之間要如何定位，「彼此尊重」是和平共處的首要條件。

（二）從實際利益出發，莫陷入「名詞之爭」

「擱置爭議」說來容易，「化解僵局」卻很困難。兩岸一旦陷入「名詞之爭」，不論是「九二共識」或「九二精神」；還是「議題」或「前提」，都是踏進無可脫身的泥沼，僵局解套是遙遙無期。鄧小平曾說過「實踐是檢驗真理的唯一標準」，不管兩岸要統一，或是台灣要獨立，光說不練是沒有用的。不如大家節省時間與心力，從兩岸共同的實際利益層面出發。

就這點而言，中共當局「以經促統」、「以商逼政」的對台政策，已略有成效，對民進黨政府形成不小壓力。

（三）以台灣民意為依歸

民進黨政府主張「台灣前途應由台灣全體人民決定」，中共當局亦尊重「台灣人民有當家作主的願望」。台灣如今的民主成就，任何人皆無法輕易加以抹煞，只要國家能夠為人民謀福利，人民自然會做出最有利生存發展的選擇。無論政權如何更迭，台灣人民始終要生活在這塊土地上，兩岸未來是統是獨，不是政府與政府之間談攏就成，而是在台灣人民能否就統一或獨立達成共識。既然中共已經能夠體會「寄希望於台灣人民」的意涵，與其花力氣批判「頑固的台獨份子」，不如極力爭取台灣人民好感，誰能掌握台灣人民的需求，誰就能影響台灣未來前途與依歸。

第二節　檢討改進

在本論文的研究過程中，有一些地方尚待檢討改進，亦是從事「中共對台政策研究」常面臨的問題，茲列舉如下，提供給後續研究者做為參考：

（一）勿小題大作，擴張解釋中共對台政策

對中共而言，許多對台政策的發言或表態，皆是因應台灣方面的作為與變遷，在國際環境與中共內部情勢的結構限制下，中共對台政策並不會輕易改弦更張。如果台灣方面不加以挑釁，中共對台政策變動的可能性不大。因此台灣方面在解讀中共對台政策時，毋須自己嚇自己，將中共對台的相關發言過份解讀，而對兩岸關係有過度樂觀或悲觀的判斷。

（二）資料繁多，謹慎判斷

由於「中共對台政策研究」切合台灣未來發展與生存需要，因此始終是台灣產、官、學各界的關心焦點，所引發的相關討論更是多如繁星，令人眼花撩亂。在資料閱讀與篩選時，還真不知從何看起，而有無所適從之感，筆者本身便無法將這個問題處理得很好，在論文寫作的過程中，常自嘲在茫茫資料大海當中載浮載沈，不知何時才能「到達彼岸、修成正果」。

加上常有「據稱」、「據瞭解」等來源不明的消息，有些正確，有些則屬惑眾之言，更增加中共對台政策在判斷上的困難。因此在資料閱讀與取材時，基本上多以官方正式文件與發言為準，學者研究為輔；另外，「研究架構」的重要性亦在此處凸顯，若缺乏清楚的研究架構與鋪陳邏輯，在整理資料上恐怕更加困難。

（三）從客觀立場解讀台灣問題

當然，身為台灣的一份子，吾人皆希望研究成果可以對台灣方面有所貢獻，但既然是從事中共對台政策研究，就應當從客觀角度來思考對台政策，不受省籍或或統獨意識影響，否則就容易有誤判或失焦的情況出現，而產生一廂情願的揣測與批判。盡量貼近中共當局的想法，莫用敵視或仇視的心態去揣測對方，才能有較符合現實的對台政策研究。

和平得來不易，如果中共真把台灣當成是自己人，那麼一家子內的事情，一切有話好說，不要動不動就擺臭架子，那一套在台灣已經不流行了；反之，台灣若欲在國際上爭取主權獨立的地位，想要跳過中共那一關，完全不予理會，未免太過天真，把「獨立」看簡單了。不如好好發展彼此的實質關係，真正做到「為人民謀福利」，而不是拿著雞毛當令箭，假「民意」之名，行「權力擴張」之實。

　　謹以此論文研究，與後續研究者共勉之，相信台灣學界在「中共對台政策」方面的研究會越做越好，也希望兩岸關係能夠「以和為貴、以民為本」，統一也好，獨立也罷，切莫拿人民的生命與財產安全開玩笑。

參考文獻

一、政府出版品與正式文件

1、〈對台灣地區貿易管理辦法〉，中共對外經濟貿易合作部，2000 年 12 月 29 日。

2、中央文獻研究室編，《十一屆三中全會以來重要文獻選讀》，北京：人民出版社，1987 年。

3、中共中央台灣工作辦公室、國務院台灣事務辦公室，《中國台灣問題幹部讀本》，北京：九洲圖書出版社，1998 年。

4、中國國務院由國務院台灣事務辦公室、國務院新聞辦公室發表，《一個中國的原則與台灣問題白皮書》，北京：中華人民共和國國務院，2000 年 2 月 21 日。

5、中華人民共和國國務院台灣事務辦公室、國務院新聞辦公室，《台灣問題與中國統一白皮書》，北京：中華人民共和國國國務院，1993 年 8 月 31 日。

6、民進黨中國事務部，《民主進步黨兩岸政策重要文件彙》編。台北：民進黨中國事務部，2001 年。

7、朱鎔基，〈政府工作報告—2002 年 3 月 5 日在第九屆全國人民代表大會第五次會議上〉，外交部網站，2002 月 3 月 16 日。

8、江澤民，《全面建設小康社會，開創中國特色社會主義事業新局面》，在中共十六大上所作報告，2002 年 11 月 14 日通過。

9、江澤民，《全面建設小康社會，開創中國特色社會主義事業新局

面》，在中共十六大上所作報告，2002 年 11 月 14 日通過。

10、行政院大陸委員會，〈台灣地區與大陸地區人民關係條例檢討修
　　正說明〉，2002 年 9 月 23 日。

11、行政院大陸委員會編印，《政府大陸政策重要文件》，台北：行政
　　院大陸委員會，2002 年 12 月。

12、總統府公報，《陳水扁總統五一八電視錄影談話》。台北：總統府，
　　2001 年 5 月 18 日。

13、總統府公報，《陳水扁總統民國九十年元旦祝詞》，台北：總統府，
　　2001 年 1 月 1 日

14、總統府公報，《總統出席『九十一年大陸台商協會負責人春節聯
　　誼座談活動』致詞》，台北，總統府，2002 年 2 月 21 日。

二、中文書籍

1、大前研一，《中華聯邦》，台北：商週出版社，2003 年 1 月。

2、中共中央文獻研究室，《中共第十五屆中央委員中央紀律檢查委員
　　會委員名錄》，北京：中共中央文獻出版社，1999 年。

3、中共中央組織部課題組，《2000-2001 中國調查報告－－新形勢下
　　人民內部矛盾研究》，北京：中央編譯出版社，2001 年。

4、中共中央黨校、中共中央台灣工作辦公室編著：《台灣問題讀本》，
　　中共中央黨校出版社、九州出版社，2001 年 9 月

5、中華歐亞基金會，〈中共推動「一中」原則策略研究與對策建議〉，
　　政策研究系列，2002 年 11 月。

6、中華歐亞基金會，〈兩岸三通之政經評估〉，政策研究系列，2002
　　年 12 月。

7、中華歐亞基金會,《中共「十六大」權利繼承與政策走向總結報告》,2002 年 9 月

8、中華歐亞基金會,《兩岸關係的結與解總結報告》,2001 年。

9、王浦劬譯、大衛.伊斯頓著,《政治生活的系統分析》,台北:桂冠圖書股份有限公司,1992 年。

10、王新生等著,《一國兩制論》,湖南:湖南人民出版社,1998 年。

11、包宗和、吳玉山主編,《爭辯中的兩岸關係理論》,台北:五南圖書出版公司,1999 年。

12、包宗和著,《台海兩岸互動的理論與政策面向》,台北:三民書局,1990 年。

13、台灣主權論述論文集編輯小組編,《台灣主權論述論文集》台北:國史館,2001 年。

14、共黨問題研究叢書,〈中共對台工作研析與文件彙編〉,法務部調查局印行,1994 年。

15、朱浤源主編,《撰寫博碩士論文論文實戰手冊》,台北:中正書局,1999 年。

16、朱雲漢,《中共對台智庫角色之研究》,台北:行政院大陸委員會專案研究報告,1995 年。

17、汝信等編,《社會藍皮書:2002 年中國社會形勢分析與預測》,北京:社會科學文獻出版社,2002 年。

18、何清漣,《現代化的陷阱—當代中國的經濟社會問題》,北京:今日中國出版社,1998 年。

19、吳玉山,《抗衡與扈從—兩岸關係新詮》,台北,正中書局,1997 年。

20、吳新興，《整合理論與兩岸關係之研究》。台北：五南出版社，1995年。

21、李英明，《中共研究方法論》，台北：揚智文化事業股份有限公司，1998 年。

22、李英明著，《全球化時代下的台灣和兩岸關係》，台北：揚智文化事業股份有限公司，2001 年。

23、李欽勇，《社會政策分析》，台北：巨流出版社，1994 年。

24、李善同、王直、翟凡、徐林，《WTO：中國與世界》，北京：中國發展出版社，2000 年。

25、周繼祥教授主持，《大陸台研單位對台灣政治生態的研究之現況分析－以北京、上海、廈門台研單位為例》，台北：行政院大陸委員會委託研究計畫，2002 年 4 月。

26、易君博，《政治理論與研究方法》。台北：三民書局，1990 年。

27、林水波、張世賢，《公共政策》，台北：五南圖書出版公司，1996年。

28、林水波著譯，《政策分析評論》，台北：五南圖書出版公司，1984年。

29、林布隆原著；劉明德譯，《政策制訂過程》，台北：桂冠圖書股份有限公司，1991 年。

30、邵宗海著，《兩岸關係－陳水扁的大陸政策》，台北：生智文化事業有限公司，2001 年。

31、金鑫著，《中國問題報告：新世紀中國面臨的嚴峻挑戰》，北京：中國社會科學院出版社，2000 年。

32、阿爾蒙德、包威爾著，曹沛霖等譯，《比較政治學：體系、過程

和政策》，上海：上海譯文出版社，1987年。

33、張五岳，《一九九六年後中共對台策略之演變》，台北：行政院大陸委員會，1996年。

34、張五岳，《分裂國家互動模式與統一政策之比較研究》。台北：學強出版社，1999年。

35、張亞中，《兩岸主權論》，台北：生智出版社，1998年。

36、張亞中，《兩岸統合論》，台北：生智出版社，2000年。

37、張亞中、李英明著，《中國大陸與兩岸關係概論》，台北：揚智文化事業股份有限公司，2000年。

38、張家敏，《建國以來（1949-1997）》上、下冊，香港：香港政策研究所，1998年。

39、張麟徵，《硬拗—唯我獨尊的兩岸政策》，台北：海峽學術出版社，2001年。

40、許慶雄著，《台灣建國的理論基礎》，台北：前衛出版社，2000年。

41、郭立民編，《中共對台政策資料選輯》，台北：永業出版社，1992年。

42、陳水扁著，《世紀首航－政黨輪替五百天的沉思》，台北：圓神出版社有限公司，2001年。

43、陳封強、范玉周著，《陳水扁與台灣民進黨》，北京：群眾出版社，2000年。

44、陳春生，《台灣主權與兩岸關係》，台北：翰蘆圖書出版有限公司，2000年。

45、陳慶，《中共對台政策之研究》，台北：五南圖書公司，1990年。

46、章家敦著，侯思嘉、閻紀宇譯，《中國即將崩潰》，台北：雅言文化，2002 年。

47、楊開煌，《崢嶸—兩岸關係之鬥爭與對策》，台北：海峽學術出版社，2001 年。

48、楊潔勉，《世界格局中的台灣問題：變化和挑戰》，上海：人民出版社，2002 年。

49、楊憲村、徐博東著，《世紀交鋒—民進黨如何與共產黨打交道？》，台北：時報文化出版社，2002 年。

50、趙全勝，《解讀中國外交政策：微觀、宏觀相結合的研究方法》，台北：月旦出版社，1999 年。

51、蔡昉主編，《2002 年：中國人口與勞動問題報告》，北京：社會科學文獻出版社，2002 年。

52、蔡瑋，《中共的涉台決策與兩岸關係發展》，台北：風雲論壇出版社，2000 年。

53、鄭永年，《江澤民的遺產：在守成和改革之間》，美國紐澤西：八方文化企業公司，2003 年。

54、羅清俊、陳志瑋譯，Thomas R. Dye 原著，《公共政策新論》，台北：韋伯文化，1999 年。

55、蘇進強主編，《九一一事件後全球戰略評估》，台北：台灣英文新聞出版公司，2002 年 9 月。

三、碩、博士論文

1、王智盛，《兩千年總統大選民進黨中國政策之研究》，台灣大學國家發展研究所碩士論文，陳明通教授指導，2000 年。

2、王耀慶,《民進黨大陸政策演變之研究:政策影響變數之分析》, 暨南公共政策研究所碩士論文,2001 年。

3、王騰駿,《民進黨中國政策的轉變:從「台灣共和國式台獨」到「中 華民國式台獨」》,淡江大學大陸研究所碩士論文,郭建中教授指 導,2000 年。

4、沈麗山,《中共對台政策之研究》,政治大學東亞研究所碩士論文, 邱坤玄教授指導,1980 年。

5、林珮菁,《現階段中國大陸貪污問題及反貪法制之研究》,台灣大 學國家發展研究所大陸組碩士論文,陳明通教授指導,2002 年。

6、邱鑑今,《民進黨政府大陸政策之研究》,文化大學中國大陸研究 所碩士論文,吳安家教授指導,2002 年。

7、夏嘉璐,〈中國大陸社會保障體系之研究─以下崗失業問題為 例〉,國立台灣大學國家發展研究所碩士論文,林萬億、周繼祥教 授指導,2003 年。

8、夏樂生,《中共現階段對台經貿政策之研究(1979-1995)》,政大 東亞所碩士論文,陳德生教授指導,1996 年。

9、馬麗卿,《我國大陸政策變遷對兩岸互動之影響》,中國文化大學 政治學研究所,陳毓鈞教授指導,2002 年。

10、張惠煌,《兩岸關係演變之研究(1987-1995)-中共對台政策與 我國大陸政策的互動》,淡江大學大陸研究所經貿組碩士論文, 1996 年。

11、許志嘉,《「一國兩制」架構下中共對台政策之研究》,政治大學 東亞研究所碩士論文,邱坤玄教授指導,1993 年。

12、許勝泰,《中共對台統一戰略之研究─以薄富爾的行動戰略理論

分析》，淡江大學國際事務與戰略研究所碩士論文，施正權教授指導，2000年。

13、陳聯邦，，《中共對台政策演變之研究—兼論一九九五年及九六年軍事演習》，淡江大學國際事務與戰略研究所碩士論文，張五岳教授指導，1996年。

14、黃慶靈，《中共談判策略之研究》，政治大學外交學系戰略與國際事務碩士在職專班論文，2002年。

15、黃馨慧，《江澤民主政時期之中共對台政策(1989~2001)》，淡江大學大陸研究所，許惠佑教授指導，2001年。

16、劉勤章，《「江八點」發佈以來兩岸關係的發展與轉折》，淡江大學大陸研究所碩士論文，潘錫堂教授指導，1998年。

17、劉煌裕，《中共對臺決策機制與政策之研究》，淡江大學大陸研究所碩士論文，潘錫堂教授指導，2000年。

18、蔡慶星，《江澤民時期中共對台軍事戰略之研究(1989-1997)》，政治作戰學校政治學系碩士論文，許禎元教授指導，1996年。

19、鄭芝淇，《後鄧時期中共對台政策之研究》，中山大學大陸研究所，周世雄教授指導，1999年。

20、黎寶文，《民進黨大陸政策之研究（1986-2001）：一個雙層賽局（two-level game）的觀點》，中正大學政治學研究所，宋學文教授指導，2002年。

四、期刊論文

1、王嘉州，〈論『三個代表』與政治繼承〉，《中國事務季刊》第十期，2002年10月。

2、台灣大學政治學系,《第十任總統副總統選舉的分析》。中央選舉委員會委託研究,2001 年 10 月。

3、吳玉山著,〈台灣總統大選對於兩岸關係產生的影響:選票極大化模式與戰略三角途徑〉,台北:《遠景季刊》第二卷第三期,2001年 7 月。

4、吳安家著,〈陳總統的中國大陸政策觀:理想主義與現實主義的結合〉,台北:《遠景季刊》第二卷第三期,2001 年 7 月。

5、宋燕輝,〈「離島建設條例」與兩岸漁業〉,《漁業推廣月刊》,一六六期,2000 年 7 月。

6、宋燕輝,〈初探新政府如何處理「小三通」問題?〉,《漁友》,2000 年 5 月號。

7、李文志,〈中共的亞太戰略:海洋戰略的開展與挑戰〉,國家政策研究中心出版,1996 年。

8、李昌平,〈三農問題與對策〉,《世紀中國》,2001 年 7 月。

9、李書良,〈從順口溜看大陸的官僚作風〉,《投資中國月刊》,第八十三期,2001 年 1 月。

10、李銘義,〈九二共識與一個中國議題之研析〉,《共黨問題研究》,2001 年 6 月號。

11、周繼祥,〈「一個中國原則與台灣問題」白皮書發表後兩岸關係發展的新趨勢〉,台北:《立法院院聞》月刊,第二十八卷第四期,2000 年,頁 17-37。

12、周繼祥,〈加入 WTO 後的兩岸關係〉,山東省青島市:《第十一屆海峽兩岸關係學術研討會》,全國台灣研究會、中國全國台灣同胞聯誼會、中國社會社學院台灣研究所主辦,2002 年 7 月 9

日至 11 日。

13、周繼祥，〈當前兩岸關係平議〉，台北：《立法院院聞》月刊，第二十九卷第一期，2001 年，頁 49-57。

14、周繼祥，〈論總統直選後的兩岸關係〉，台北：《近代中國》雙月刊，第一一二期，1996 年。

15、林正義，〈柯江第二次高峰會及其對台灣的影響〉，《國策期刊》，Vol.3，1998 年 8 月 10 日。

16、姜新立，〈評析陳水扁總統競選期間的「中國政策」〉，遠景季刊第一卷第二期，2000 年 4 月。

17、施正鋒，〈台灣人的國家認同〉，台灣歷史學會編，《國家認同論文集》，台北：稻香出版社，2001 年 6 月，頁 145-180。

18、徐斯儉，〈「十六大」政治情勢研判〉，《展望 2003 年兩岸政經發展研討會》，行政院研考會、台灣智庫與中山大學社會科學院主辦，2002 年 12 月 1 日。

19、耿慶伍著，〈『一個中國』兩難的『雙贏』解決方案〉，台北：《遠景季刊》第二卷第四期，2001 年 10 月。

20、張五岳，〈兩岸直接三通的政經評析〉，《經濟前瞻》，第八十三期，2002 年 9 月。

21、張五岳，《兩岸三通問題之探討》，台灣區電機電子工業同業公會委託研究計畫，2000 年 7 月。

22、張顯超，〈兩岸「三通」的開放調整與協商〉，《展望 2003 年兩岸政經發展研討會》，行政院研考會、台灣智庫與中山大學社會科學院主辦，2002 年 12 月 1 日。

23、曹俊漢，〈錢其琛談話，誰誤判形勢〉，國政研究報告，2002 年 2

月8日。

24 郭建中，〈ＷＴＯ架構下兩岸建立經貿關係的國際經貿機制、經濟基礎及可能互動的模式〉，《展望 2003 年兩岸政經發展研討會》，行政院研考會、台灣智庫與中山大學社會科學院主辦，2002年12月1日。

25、陳志柔，〈中共十六大後的社會情勢分析〉，《展望2003年兩岸政經發展研討會》，行政院研考會、台灣智庫與中山大學社會科學院主辦，2002年12月1日。

26、陳錫蕃，〈南海軍機擦撞事件〉，《中央綜合月刊》，第三十五卷第五期，2001年6月。

27、童振源，〈中共十六大前後經濟局勢評估〉，《展望2003年兩岸政經發展研討會》，行政院研考會、台灣智庫與中山大學社會科學院主辦，2002年12月1日。

28、楊永明，〈民主主權：政治理論中主權概念之演變與主權理論新取向〉，《台大政治科學論叢》，第七期，1996年6月，頁125-156。

29、楊開煌，〈中共新領導班子對臺政策之展望〉，台北：《國家政策論壇》第一卷第十期，2001年12月，頁5-14。

30、董立文，〈一年來兩岸關係回顧〉，《海峽兩岸學術研討會》論文，2001年8月10日。

31、董立文，〈二００二年兩岸關係的展望：全球化的衝擊〉，台北：《二００二年台灣政經形勢與兩岸關係走向學術研討會》，2001年12月23日。

32、董立文，〈江澤民留任「國家軍委主席」的意涵〉，台北：《展望與探索雜誌》，第一卷第三期，2003年3月。

33、趙永茂主持，《民進黨大陸政策之研究》，台北；行政院大陸委員會委託專案報告，1999 年 6 月。

34、蔡宏明，〈小三通的定位與經濟安全問題〉，《和平論壇》，戰略與國際研究所，2000 年 7 月。

35、蔡瑋，〈中共對台決策組織與決策過程〉，《中國大陸研究》，1997年，第四十卷第五期。

36、蕭萬長，《我為什麼倡議兩岸共同市場》，財團法人兩岸共同市場基金會出版，2001 年。

37、謝敏捷，〈唯一選項或民主選擇：台北、北京、華府關於兩岸關係前景的爭議〉，台北：《中國大陸研究》，第四十四卷第九期，2001 年，頁 27-40。

38、顏建發著，〈兩岸統合的前景〉，台北：《遠景季刊》第二卷第四期，2001 年 10 月。

五、英文部分

1、Barry Naughton, China's Economic Think Tanks: Their Changing Role in the 1990s,The China Quarterly, Volume 171, September 2002,625-635

2、Bates Gill and James Mulvenon, Chinese Military-Related Think Tanks and Research Institutes, The China Quarterly, Volume 171, September 2002,617-624

3、Bela Belassa, The Theory of Economic Integration, Homewood, III: Richard D. Irwin, 1961.

4、Bonnie S. Glaser and Phillip C. Saunders,Chinese Civilian Foreign

Policy Research Institutes: Evolving Roles and Increasing Influence,The China Quarterly, Volume 171, September 2002,597-616.

5、Carol Lee Hamrin and Suisheng Zhao, Decision-Making in Deng's China:Perspectives Form Insiders,New York :An East Gate Book,1995.

6、China Directory 1992,Tokyo：Radio Press,Inc.,1992.

7、David Easton,A Framework for Political Analysis (Engle Wood Cliffs, N.J.:Prentice Hall,1965

8、David Shambaugh，China's International Relations Think Tanks: Evolving Structure and Process,The China Quarterly, Volume 171, September 2002,575-596.

9、Hamrin,Carol Lee."The Party Leader Ship System,"in Kenneth G.Liberthal and David M.Lampton,ed.,Bureaucracy,Politics and Decision Making in Post-Mao China,Berkeley：Umiversity of California Press,1992.

10、Harding,Harry.A Fragite Relationship：The United States and China Since 1972,Washington,D.C.：The Brookings Institution,1992.

11、Harry Harding, A Fragile Relationship the United States and China Since1972 . Washington: the Brooking Institution, 1992.

12、John F. Copper, Taiwan Nation-State or Province (Kingdom: Westview Press, 1996.

13、Kenneth G. Liberthal, and David M.Lampton, Bureaucracy, Politics,and Decision Making in Post-Mao China, CA:University of

California Press,1992.

14、Knoke,David.Organized for Collective Action,New York：Aldine de Gruyter, 1990.

15、Liberthal,Kenneth.Governing China：From Revolution Through ReformN.Y.：W. W.Noeth & Co.,1995.

16、Lin,Cheng-yi and Lin,Wen-cheng."The PRC's Military Threat and Taiwan's Strategies,"paper presented on The Conference of Cross-Straits Relations and Policy Implications for the Asia-Pacific Region,Taipei International Conventional Center,1995.

17、Michael Swaine, The Role of the Chinese, Militray in National Security Policy-Making, Paper Prepared for the Office of the Secretary of Defense published by Rand Corporation in 1996.

18、Pye,Lucian W.The Spirit of Chinese Politics, MA：Harvard University Press,1992.

19、The White House, The National Security Strategy of The United States of America,Septerber,2002。

六、網路資源

1、人民網—海峽兩岸

〈http://www.unn.com.cn/BIG5/channel2567/index.html〉

2、中共國務院台灣事務辦公室〈http://www.gwytb.gov.cn/index.asp〉

3、中華民國外交部〈http://www.mofa.gov.tw〉

4、中華民國總統府全球資訊網〈http://www.president.gov.tw〉

5、中華歐亞教育基金會〈http://www.eurasian.org.tw〉

6、未來中國研究〈http://www.future-china.org.tw〉

7、民主進步黨全球資訊網〈http://www.dpp.org.tw〉

8、行政院大陸委員會〈http://www.mac.gov.tw〉

9、經濟部投資審議委員會。〈http://www.idic.gov.tw〉

10、經濟部統計處。〈http://www.moea.gov.tw〉

七、中文報紙

1、人民日報(北京)

2、中央日報(台北)

3、中國時報(台北)

4、文匯報(香港)

5、自由時報(台北)

6、明報(香港)

7、南華早報(香港)

8、解放軍報(北京)

9、聯合報(台北)

國家圖書館出版品預行編目

民進黨執政後的中共對臺政策
(2000 年 5 月至 2003 年 5 月) /洪儒明作. -- 一版.
臺北市:秀威資訊科技,2004[民 93]
面 ； 公分. -- 參考書目:15 面
ISBN 978-986-7614-18-6(平裝)

1. 政治 - 臺灣
2. 兩岸關係

573.07 93003255

 社會科學類 AF0005

民進黨執政後的中共對台政策
(2000 年 5 月至 2003 年 5 月)

作 者 / 洪儒明
發 行 人 / 宋政坤
執行編輯 / 李坤城
圖文排版 / 劉醇忠
封面設計 / 黃偉志
數位轉譯 / 徐真玉　沈裕閔
圖書銷售 / 林怡君
網路服務 / 徐國晉
出版印製 / 秀威資訊科技股份有限公司
　　　　　台北市內湖區瑞光路 583 巷 25 號 1 樓
　　　　　電話：02-2657-9211　　傳真：02-2657-9106
　　　　　E-mail：service@showwe.com.tw
經 銷 商 / 紅螞蟻圖書有限公司
　　　　　台北市內湖區舊宗路二段 121 巷 28、32 號 4 樓
　　　　　電話：02-2795-3656　　傳真：02-2795-4100
　　　　　http://www.e-redant.com

2006 年 7 月 BOD 再刷
定價：280 元

讀　者　回　函　卡

感謝您購買本書，為提升服務品質，煩請填寫以下問卷，收到您的寶貴意見後，我們會仔細收藏記錄並回贈紀念品，謝謝！

1. 您購買的書名：＿＿＿＿＿＿＿＿＿＿＿＿＿＿＿＿＿＿

2. 您從何得知本書的消息？

　　□網路書店　　□部落格　　□資料庫搜尋　　□書訊　　□電子報　　□書店

　　□平面媒體　　□ 朋友推薦　　□網站推薦　□其他＿＿＿＿＿

3. 您對本書的評價：(請填代號　1.非常滿意 2.滿意 3.尚可 4.再改進)

　　封面設計＿＿＿　版面編排＿＿＿　　內容＿＿＿　文/譯筆＿＿＿　　價格＿＿＿

4. 讀完書後您覺得：

　　□很有收獲　　□有收獲　　□收獲不多　　□沒收獲

5. 您會推薦本書給朋友嗎？

　　□會　　□不會，為什麼？＿＿＿＿＿＿＿＿＿＿＿＿＿＿＿

6. 其他寶貴的意見：＿＿＿＿＿＿＿＿＿＿＿＿＿＿＿＿＿＿

＿＿＿＿＿＿＿＿＿＿＿＿＿＿＿＿＿＿＿＿＿＿＿＿＿＿＿

＿＿＿＿＿＿＿＿＿＿＿＿＿＿＿＿＿＿＿＿＿＿＿＿＿＿＿

＿＿＿＿＿＿＿＿＿＿＿＿＿＿＿＿＿＿＿＿＿＿＿＿＿＿＿

讀者基本資料

姓名：＿＿＿＿＿＿＿＿＿＿　年齡：＿＿＿＿　性別：□女 □男

聯絡電話：＿＿＿＿＿＿＿＿　E-mail：＿＿＿＿＿＿＿＿＿＿

地址：＿＿＿＿＿＿＿＿＿＿＿＿＿＿＿＿＿＿＿＿＿＿＿＿＿

學歷：□高中(含)以下　　□高中　　□專科學校　　□大學

　　　□研究所(含)以上 □其他＿＿＿＿＿＿＿

職業：□製造業 □金融業 □資訊業 □軍警 □傳播業 □自由業

　　　□服務業 □公務員 □教職　□學生 □其他＿＿＿＿＿

秀威與 BOD

BOD（Books On Demand）是數位出版的大趨勢，秀威資訊率先運用 POD 數位印刷設備來生產書籍，並提供作者全程數位出版服務，致使書籍產銷零庫存，知識傳承不絕版，目前已開闢以下書系：

一、BOD 學術著作—專業論述的閱讀延伸
二、BOD 個人著作—分享生命的心路歷程
三、BOD 旅遊著作—個人深度旅遊文學創作
四、BOD 大陸學者—大陸專業學者學術出版
五、POD 獨家經銷—數位產製的代發行書籍

BOD 秀威網路書店：www.showwe.com.tw
政府出版品網路書店：www.govbooks.com.tw

　　永不絕版的故事・自己寫・永不休止的音符・自己唱